FECHADO POR MOTIVO DE FUTEBOL

Livros do autor publicados pela **L&PM** EDITORES:

Amares
Bocas do tempo
O caçador de histórias
De pernas pro ar: a escola do mundo ao avesso
Dias e noites de amor e de guerra
Espelhos – uma história quase universal
Fechado por motivo de futebol
Os filhos dos dias
Futebol ao sol e à sombra
O livro dos abraços
Mulheres
As palavras andantes
O teatro do bem e do mal
Trilogia "Memória do fogo" (Série Ouro)
Trilogia "Memória do fogo":
   Os nascimentos (vol. 1)
   As caras e as máscaras (vol. 2)
   O século do vento (vol. 3)
Vagamundo
As veias abertas da América Latina

EDUARDO GALEANO

FECHADO POR MOTIVO DE FUTEBOL

4ª EDIÇÃO

L&PM
EDITORES

A L&PM Editores agradece à Siglo Veintiuno Editores pela cessão da capa e das ilustrações internas deste livro.

Texto de acordo com a nova ortografia.

Título original: *Cerrado por fútbol*

1ª edição: outono de 2018
4ª edição: outono de 2025

Tradução: Eric Nepomuceno, Sergio Faraco, Ernani Ssó, Marlova Aseff e Janine Mogendorff (ver p. 225)
Projeto gráfico da capa: Tholön Kunst
Adaptação da capa: Eugenia Lardiés. *Ilustração*: Rep
Preparação: Patrícia Yurgel
Revisão: L&PM Editores

CIP-Brasil. Catalogação na Fonte
Sindicato Nacional dos Editores de Livros, RJ

Galeano, Eduardo, 1940-2015
    Fechado por motivo de futebol / Eduardo Galeano; tradução Eric Nepomuceno ... [et al.] – 4. ed. – Porto Alegre [RS]: L&PM, 2025.
    232 p. ; 21 cm.

    Tradução de: *Cerrado por fútbol*
    ISBN 978-85-254-3738-9

    1. Crônica uruguaia. I. Nepomuceno, Eric, 1948-. II. Título.

18-47835   CDD: 868.993958
                         CDU: 821.134.2(899)-8

Meri Gleice Rodrigues de Souza - Bibliotecária CRB-7/6439

© Eduardo Galeano, 2018

Todos os direitos desta edição reservados a L&PM Editores
Rua Comendador Coruja, 314, loja 9 – Floresta – 90.220-180
Porto Alegre – RS – Brasil / Fone: 51.3225.5777

PEDIDOS & DEPTO. COMERCIAL: vendas@lpm.com.br
FALE CONOSCO: info@lpm.com.br
www.lpm.com.br

Impresso no Brasil
Outono de 2025

Sumário

Nota do editor argentino – *Carlos E. Díaz* 9
História de um mendigo – *Ezequiel Fernández Moores* 15

FECHADO POR MOTIVO DE FUTEBOL
Por que escrevo 31
O parto 33
Maradona 34
O gol do século 36
A magia imperdoável 37
Leo 41
Condores 43
Mão de obra 44
O leitor 45
O chapeleiro 47
E outro 48
Os contos contam/1 49
Os direitos civis no futebol 51
Exorcismo 53
Eu confesso 54
Maracanã 55
Uma cerimônia de exorcismo 56
Meu querido inimigo 57

Obdulio	58
O atleta exemplar	60
Coroação	61
Agradeço o milagre	62
Mais além do além	63
O encapuzado	64
O goleiro	65
Verão de 42	67
Dias e noites de amor e de guerra/1	69
Dias e noites de amor e de guerra/2	70
Dias e noites de amor e de guerra/3	71
A garra charrua	73
A primeira juíza	74
Atletos e atletas	75
Campeãs	76
A guerra contra as guerras	77
Revolução no futebol	78
Sirva-me outra Copa, por favor	79
O ídolo descalço	80
A bola como instrumento	81
Papai vai ao estádio	82
Os contos contam/2	83
Os contos contam/3	84
Show business	86
O jogo de bola	88
Fundação do samba	89
Rendição de Paris	90
Último desejo	91
Insolência	92
Pelé/1	93

Pelé/2 94
Garrincha 95
Pelé e os subúrbios de Pelé 96
Fotos: o escorpião 108
Fotos: punhos erguidos ao céu 109
Ali 110
Outro caso de amnésia 111
Perigo nas ruas 113
Só dele 114
Todos somos você 115
A consagração do goleador 116
O baú dos perdedores 117
Dia dos Desaparecidos 118
Milagre! 119
O jogo mais triste da história 120
Se proíbe o jogo dos índios do Chile 121
O futebol 122
Pó de arroz 123
Esopo 124
Che/1 125
Che/2 126
A última cambalhota do aviador Barrientos 128
Dois turbulentos jogos 129
A chamada guerra do futebol 130
Oito 132
Nomes 134
Preços 135
De pernas pro ar 136
O futebol global 137
No futebol, como na política, o medo não compensa .. 139

Vendem-se pernas............ 141
De futebol somos feitos 144
A Copa do Mundo de 98 147
A Copa do Mundo de 2002 156
A guerra ou a festa 162
A Copa do Mundo de 2006 166
O Mundial de Zidane............ 172
A Copa do Mundo de 2010 175
A Copa do Mundo de 2014 184

FUTEBOL, A ÚNICA RELIGIÃO SEM ATEUS
O futebol é o espelho do mundo............ 189
O futebol e os intelectuais de esquerda............ 200
Pelo Manolo e pelo prazer de jogar 203
O futebol, entre a paixão e o negócio 206

Créditos dos textos e das traduções 225

Nota do editor argentino

Carlos E. Díaz

Trabalhar em um novo livro de Eduardo Galeano sem que ele esteja presente é uma tarefa complexa e até estranha, pois ele era um apaixonado pelo artesanato da edição e pensava cada detalhe de suas obras, do título até o texto da contracapa, passando pelo desenho interior, com vinhetas e molduras escolhidas página a página.

Por isso, torna-se duplamente necessário deixar claro quais os critérios editoriais que foram adotados. Primeiro, o porquê deste livro. É público e notório que o futebol era uma das grandes paixões de Galeano, e que essa paixão o levou a escrever, desde muito jovem e até a sua morte, sobre esse tema. Em 1995, e depois de anos de leitura sistemática, de reunir histórias e de muita pesquisa, publicou esse livro maravilhoso que se chama *Futebol ao sol e à sombra*. Mas antes e depois produziu uma enorme quantidade de textos que falavam de futebol e que em boa medida foram publicados em seus diferentes livros ou que, dispersos em velhos jornais e revistas, são praticamente inencontráveis. Como passo inicial, relemos sua obra pondo especial atenção nesse material e descobrimos um corpus sólido, em alguns momentos comovedor e sempre divertido, que reflete bem o olhar e a relação que Galeano tinha com o futebol. O fato de que esses textos estivessem intercalados em seus livros ou esquecidos em publicações periódicas impedia que seus leitores "boleiros" tivessem acesso a eles, portanto o primeiro motor deste volume foi chegar a esses leitores com textos, em boa medida, "desconhecidos".

Na hora de tomar decisões editoriais optamos, sempre que foi possível, por respeitar o estilo de trabalho de Galeano, evitando recursos alheios a ele (como as notas de pé de página ou as frases solenes) e recuperando expressões e modismos muito característicos dele. Assim, o título do livro (*Fechado por motivo de futebol*), o das seções internas ou o de algum texto sem título em sua versão original reproduzem palavras do próprio Galeano, que muitos leitores irão reconhecer. O título do livro, por exemplo, se refere a uma situação peculiar e profunda: no começo de cada Mundial e durante o mês inteiro, ele pendurava na porta de casa um pequeno cartaz com essa advertência, escrito à mão e coberto com plástico transparente para protegê-lo da chuva. Como ele sempre gostou de incorporar ilustrações, vinhetas, em vez de encomendar novos desenhos reproduzimos alguns dos originais que ele tinha selecionado para *Futebol ao sol e à sombra*.

Com relação ao conteúdo, incluímos todos os textos que tratam do tema publicados em seus livros; também somamos as anotações que ele escrevia depois de cada Mundial e que integravam as novas edições de *Futebol ao sol e à sombra*, já que consideramos que somente os leitores que compraram esse livro depois de 2015 puderam chegar a elas. Guiados pela convicção que Galeano tinha de que o "futebol é o espelho do mundo e da realidade", nos permitimos a licença de incorporar algumas histórias em que o futebol aparece mais como metáfora que como protagonista; o mesmo vale para várias histórias que falam do esporte em geral ou de alguma disciplina específica.

Com relação à organização do livro, optamos por estruturá-lo em duas partes: a primeira abarca o grosso das histórias sobre personagens e acontecimentos do futebol, públicos ou íntimos; a segunda, mais breve, inclui textos em primeira pessoa (uma entrevista, alguns discursos em ocasiões de receber algum reconhecimento) nos quais Galeano expõe sua visão do esporte que mais amou, no que constitui, de algum modo, uma sistematização de seu olhar, tão crítica como apaixonada.

Sobre a equipe: na hora de começar qualquer tipo de projeto, Galeano sempre se rodeava de amigos e de gente de muita confiança. E também nesse aspecto quisemos honrar sua memória. Helena Villagra, sua companheira durante quarenta anos, foi a primeira que soube e apoiou este projeto. Acompanhou as diferentes etapas e sua participação foi indispensável e decisiva no momento de pensar a estrutura interna, a melhor forma de resolver as dúvidas que surgiam e a localização de cada um dos textos, uma vez que os livros de Galeano sempre têm uma lógica interna não necessariamente evidente para o leitor.

Ezequiel Fernández Moores, um amigo com quem Galeano compartilhou seu olhar sobre o futebol e a política do futebol, e também projetos e entusiasmos, foi fundamental na hora de fazer uma primeira leitura do material bruto; seus comentários foram valiosíssimos, e mais ainda foi ter encontrado um discurso de Galeano que tinha guardado numa gaveta. Galeano havia mandado o discurso fazia mais de vinte anos, para que lesse e desse a sua opinião, e afortunadamente Ezequiel teve o bom tino de guardá-lo, e não fosse por isso teria se perdido para sempre. Ficou em suas mãos, além disso, a tarefa de escrever a apresentação que abre este volume, na qual traça um perfil genial do Galeano "boleiro", convocando suas próprias recordações e também depoimentos especiais de amigos de Eduardo, como Chico Buarque, Joan Manuel Serrat, Jorge Valdano e Ángel Ruocco.

Daniel Winberg, velho amigo de Galeano, grande leitor e homem com alma de editor, colaborou em diferentes instâncias e nos revelou a existência da entrevista imperdível que foi publicada na revista *El Gráfico*, cujos responsáveis tiveram a enorme amabilidade de autorizar-nos a incluí-la aqui. Um jovem mexicano de sobrenome Cortázar, Román Cortázar, dedicou muitos anos da sua vida a pesquisar a obra de Galeano e realizou um fenomenal trabalho de arquivo. Graças a ele, o leitor encontrará alguns artigos publicados em *Brecha* e que, se não fosse por ele, permaneceriam inacessíveis. *Página/12*, desde a sua criação, foi o jornal de Eduardo e o lugar onde publicou algumas crônicas que, escritas ao calor dos mundiais, também fazem parte deste livro. Miguel Rep, em seus quadrinhos da contracapa do jornal, é parte indissolúvel desse mesmo universo. Propusemos a ele ilustrar a capa, e aceitou sem titubear. Poucos dias depois do convite já tínhamos o belo desenho. Tenho a sorte de trabalhar há dez anos com uma brilhante colega,

Ana Galdeano. Juntos, mergulhamos neste projeto complexo, e sem ela nada teria sido igual.

Para terminar, um agradecimento especial ao dr. Eduardo de Freitas, que é a pessoa encarregada de administrar tudo que se relaciona com a obra de Galeano. Assim que vimos que tínhamos um livro nas mãos, escrevemos a ele para informar e pedir sua opinião. Imediatamente respondeu que achava a ideia magnífica e que fôssemos em frente. Fica, aqui, um agradecimento especial pela confiança que deposita em nós.

História de um mendigo

Ezequiel Fernández Moores

Dizem que Nelson Rodrigues, cronista inolvidável do Mundial de 70, no México, continuava contando como ninguém, mesmo estando quase cego, as mais belas jogadas do futebol brasileiro. Descrevia um bosque formidável e não importava se, às vezes, se enganava do lugar de uma árvore, se um galho tinha ou não atravessado a linha do gol ou se o colibri se antecipava ao beija-flor. Odiava os "idiotas da objetividade". "O pior cego", dizia ele, "é o que só vê a bola." Alguém mostrava a ele que a televisão contradizia sua imaginação. "O vídeo", respondia Nelson, "é coisa de burros." Eduardo Galeano foi Nelson Rodrigues naquela tarde de 2013 em que trabalhávamos sobre a história dos mundiais da FIFA para a Televisão Pública argentina. Era a vez do seu mundial favorito, a mítica Copa de 1950, o Maracanaço que Galeano, com nove anos de idade, acompanhou pelo rádio através da narração de Carlos Solé. Daquele Mundial ele, mais tarde, escreveu algumas de suas melhores histórias de futebol.

Naquela tarde, Eduardo repetia, com palavras eternamente belas, a história de Moacir Barbosa, o goleiro maldito do Brasil. Maldito porque descuidou da sua trave no gol fatal de Alcides Ghiggia e deixou mudas mais de duzentas mil almas que, no Maracanã, tinham comemorado antes da hora. Barbosa era a história do condenado eterno. Pelo resto da vida foi acusado de ser "esse homem", como disse uma mãe ao filho quando passou por ele na rua, que "fez duzentos milhões de brasileiros chorarem". O título de um jornal do dia seguinte ao seu falecimento, em 7 de abril de 2000, foi um dos melhores que já li: "A segunda morte de Barbosa". Galeano me dizia que tinha ouvido a história do próprio Barbosa: ele tinha quebrado com um machado as traves também malditas do Maracanã; era funcionário do estádio e as tinham dado a ele quando chegaram as novas traves, de metal. E que queimou as de madeira para fazer um churrasco oferecido aos vizinhos do bairro de Ramos, na Leopoldina, zona norte do Rio de Janeiro. No entanto – escreveu Eduardo em *Os filhos dos dias* – "o exorcismo não salvou Barbosa da maldição".

Como bem teria dito Nelson Rodrigues nessa tarde de 2013, eu me transformei num "idiota da objetividade". Contei a Eduardo que um historiador brasileiro tinha me enviado fotos e mais documentação para assegurar que pelo menos algumas traves do Maracanã não tinham sido queimadas como Barbosa havia contado, mas estavam no museu da Casa da Cultura de Muzambinho, um município de Minas Gerais. Que tinham chegado na cidade em caminhões no final dos anos 60, que correram o risco de apodrecer num campinho rural e então foram preservadas no museu. Barbosa contou uma história diferente, não apenas a Galeano, mas também aos seus biógrafos, Roberto Muylaert e Bruno de Freitas. Pode ser que Barbosa, como dizem no

Brasil, contasse essa versão para que não o incomodassem mais, para dizer a nós que, para ele, o Maracanaço já eram cinzas. Pode ser que Eduardo tivesse razão. Aceitar a história do churrasco, por mais que fosse uma farpa do Maracanã, era se manter fiel ao seu admirado Obdulio Varela, o "Negro Chefe", o histórico capitão que depois da vitória de 1950 deixou os dirigentes hipócritas do seu país e foi beber com o dolorido povo brasileiro. Sempre mais perto dos Barbosa. Os dois. Obdulio e Eduardo.

Chico Buarque de Hollanda me confirma que o Mundial de 1950 era o favorito de Galeano: "Querido Ezequiel, andei pensando em Galeano e em nossas conversas sobre futebol, mas só me vem à memória uma questão que pouco tem de agradável: o Maracanaço de 1950. Para meu desgosto, nosso Eduardo insistia em recordar a proeza de Obdulio Varela e companhia". Chico Buarque costuma responder de maneira sintética e poética. Uma vez, perguntei a ele se eram verdadeiras algumas lendas que Ruy Castro contava em sua formidável biografia de Mané Garrincha (*Estrela solitária. Um brasileiro chamado Garrincha*), sobre tardes de álcool e saudade que, segundo o escritor, o artista tinha dividido em Roma com o próprio Mané no final dos anos 60. "Não li o que Ruy Castro escreveu, mas deve ser verdade", respondeu Chico. O músico era amigo de Eduardo desde os tempos da revista *Crisis*, quando Galeano publicou um poema – a letra de uma canção – que tinha sido proibido no Brasil ("Afasta de mim esse cálice"). Muitos anos depois, Galeano chegava ao Rio para lançar um de seus livros. "O célebre escritor uruguaio, grande torcedor do Fluminense", dizia um jornal. A informação (falsa) tinha sido uma peraltice de Chico, ele sim, grande torcedor do Fluminense, que sabia muito bem que seu amigo Galeano torcia pelo Flamengo, maior rival. Retomo Obdulio porque é o primeiro nome que também Joan Manuel Serrat menciona para mim. A foto do Negro Chefe numa parede – diz Serrat – é uma das lembranças da última visita que ele fez a Eduardo em sua casa do bairro de Malvín, na rua Dalmiro Costa, um mês e meio antes da morte do escritor. Eduardo, me diz Serrat, "amava o futebol como a si mesmo, como amava a vida". Serrat, que dividiu com Eduardo trinta anos de amizade e amor pelo Barcelona, sabia que, durante as copas do mundo, Eduardo vivia "dias sagrados" de encerramento e que, se quisesse comentar alguma coisa do jogo, só poderia ligar no intervalo, como fazia o grande fotógrafo brasileiro Sebastião Salgado. "Respondo escrevendo com o cotoco do braço, porque roí as unhas, os dedos e as mãos." Galeano se fechava quando era tempo de Copa do Mundo. "Em horário *balompédico*, não atendia ninguém." Vivia cada jogo "a salvo de involuntários desvios dos fatos, a atrofia da realidade e da eclipse total da razão". "Mais que assistir às partidas, as vigiava." Serrat escreveu isso num texto que me mandou e que publicou depois da morte do seu amigo. Serrat gostava do amor de Galeano pelo bom futebol sem importar o time. Porque Eduardo, recorda Serrat, sempre ficava ao lado do fraco, do "ídolo caído", e do "goleiro vencido dez vezes". Gostava ainda mais quando Galeano, no meio de tantos jogos ruins, se declarava "mendigo do bom futebol" e pedia "uma jogadinha linda pelo amor de Deus".

Galeano, como lembra Helena Villagra, sua mulher, podia endoidecer com um grito de gol capaz de matar de infarto a periquita Margarita, que odiava sua gaiola e costumava andar solta pelo escritório dele. Isso aconteceu em pleno exílio catalão, em Calella, de onde ele acompanhou a Copa de 78, quando a América do Sul era uma bota militar. E também era capaz de escrever *Futebol ao sol e à sombra*. "Nunca em menos espaço se contaram histórias tão saborosas", como Santiago Segurola, formidável jornalista espanhol, definiu esse livro. *Futebol ao sol e à sombra* foi marcante para muita gente mais, de Jorge Valdano ao inglês David Goldblatt. "Com Galeano" – me diz Valdano de Madri – "gostamos muito um do outro, porém à distância, porque tivemos poucos encontros. Estávamos como imantados, mas com poucas oportunidades de nos vermos. Falávamos por telefone, trocávamos mensagens através de amigos." Galeano admirou o Valdano escritor, mas antes admirou o Valdano jogador e o Valdano treinador. "Jogando do jeito que jogamos hoje, é permitido perder", disse uma vez o Valdano técnico aos seus jogadores. Galeano ficou encantado. Por isso telefonou para ele quando começou a escrever *Futebol ao sol e à sombra*. "Ele me pediu detalhes precisos sobre alguns episódios do futebol espanhol, que encontrei em arquivos. Nós nos escrevíamos por fax. Lembro o gol de Puskas. Pelo que se conta, Puskas chutou um tiro livre e cravou no ângulo. O juiz obrigou a repetir a jogada e Puskas voltou a acertar o mesmo ângulo." Valdano me diz que com Galeano aconteceu a "mesma coisa que aconteceu com Osvaldo Soriano. Quando se foram, entrou em mim, como diz Joaquim Sabina, uma saudade do que nunca jamais aconteceu".

Goldblatt é, para mim, o maior sociólogo que a bola tem hoje em dia. Percorreu o mundo para contar as origens e as histórias em cada país para uma espécie de guia do futebol que publicou na Inglaterra. Escreveu livros sobre a cobiça dos milionários que se apoderaram do futebol britânico e publicou um "Manifesto de futebol para todos". É um texto que recorda aos magnatas ianques, aos oligarcas russos, aos xeques árabes e aos novos chineses, essa "pequena elite que sequestra os benefícios da globalização", que os clubes ingleses comprados por eles têm uma dívida de lealdade com uma comunidade muito anterior. Porque o futebol, diz Goldblatt, "é um lugar estranho e precioso, parte da nossa cultura comum, uma herança fabulosa de mais de cem anos de jogo, um repositório de identidades poderosas e solidariedades, um complexo jogo de rituais coletivos e conversas públicas num mundo profundamente individualista, atomizado e dividido, um lugar onde nos misturamos socialmente, que trata do nós, e não do eu". Menciono Goldblatt porque Galeano também se encantou com esse manifesto.

Goldblatt, por sua vez, gostou mais ainda quando pedi que me recordasse por que *Futebol ao sol e à sombra* foi o livro que o convenceu a escrever sobre o jogo de bola. "Reconheço a grande escrita assim que leio, porque me deixa pasmo", diz David. Sente que sim, ele aceitou o desafio, "recolheu a luva" que Galeano "atirou com elegância" sobre "o vazio assombroso" da história oficial que "ignora o futebol", inclusive em países onde "foi e continua sendo um sinal primordial de identidade coletiva". Como Serrat, Goldblatt diz que também gostou da história do "mendigo do bom futebol". "Compreendi que eu também sou, mas principalmente de sentido e de mito, de histórias e maravilhas, não apenas das que acontecem em campo, mas na multidão que esteve lá para presenciá-las, as histórias que acompanham a partida. A escrita de Galeano tem tudo isso e nós, sua multidão de leitores, o aclamamos aos gritos durante um bom tempo, com tanto amor e admiração como quando um jogador marca um gol."

Galeano foi aos estádios desde que era bebê. Quando era menino, e à força, aprendeu a fazer xixi na arquibancada. Também menino percebeu que podia se emocionar não apenas com seu amado Nacional. Que também se emocionava com alguma jogada magistral de Juan Alberto Schiaffino ou Federico Abadie, craques do Peñarol, rival clássico. Entre 1973 e 1976, morando na Argentina, foi várias vezes até o Viejo Gasómetro para ver o San Lorenzo de seu amigo Osvaldo Soriano. Teve vertigem na Bombonera. Foi ao estádio até nos Estados Unidos, em pleno Mundial de 1994, aquele do doping do Maradona ("jogou, venceu, mijou, perdeu"). E se emocionou com o Athletic de Bilbao de Marcelo Bielsa e sua torcida, apesar da derrota que presenciou no Vicente Bernabéu contra seu amado Barcelona de Pep Guardiola, na final da Copa do Rei de 2012. "Perderam, mas ganharam um torcedor", confessou com um cachecol do time basco. A experiência mais insólita aconteceu quando regressou ao Uruguai novamente democrático de 1985 e voltou ao estádio Centenário com seu velho amigo Ángel Ruocco. Eles costumavam ir juntos, levando filhos e netos, para ver a seleção, a Celeste. Ou à arquibancada do Olímpica para ver jogar o Nacional. "No afã de poder desfrutar um jogo lindo", me conta Ruocco, "um dia fomos ver uma final do torneio local entre o Defensor Sporting e o Peñarol. Nos enganamos na hora de comprar as entradas e, sem querer, fomos parar na tribuna América, ocupada exclusivamente pela torcida do Peñarol. Quando percebemos já era tarde demais para mudar de lugar, e não tivemos outro jeito a não ser estar preparados para enfrentar um provável temporal".

No começo, foi calmo. Na arquibancada, me conta Ruocco, ou não havia leitores de Galeano ou ninguém que soubesse que ele era torcedor do Nacional. Ou não havia torcida organizada e só gente piedosa. "O problema é que quando havia um gol ou uma boa jogada do Peñarol, ficar quieto e sem abrir a boca era um convite ao desastre. Combinamos então que, nesses casos, íamos levantar como os outros. Fizemos isso várias vezes e ele, com um circunspecto e brevíssimo simulacro de aplauso, tentando camuflar-nos como torcedores do Peñarol". Gol e vitória do Defensor sobre o adversário. Galeano e Ruocco, me conta ele, ficaram "bem sentadinhos e mudos". Fecharam a jornada às gargalhadas num bar vizinho. Tinham se conhecido como militantes do Partido Socialista Uruguaio, nas publicações que circulavam no final dos anos 50. Ficaram amigos quando, em 1962, Eduardo foi primeiro editorialista e depois diretor do jornal *Época* ("o mais jovem a ocupar esse cargo na história do jornalismo uruguaio") e Ángel, editor de esportes. Foi quando começaram a ir juntos ao estádio Centenário. Quando *Época* foi fechado, dividiram redação no semanário *Marcha*, onde às discussões sobre futebol se somava o diretor Carlos Quijano, "um mestre inesquecível para quem trabalhou com ele, como Eduardo destacava sempre", me diz Ruocco.

O exílio fez com que mais tarde se encontrassem na Espanha, em Cuba, na Alemanha ou na Itália. Política, boa comida e jornalismo. E futebol, claro. Diego Maradona era um dos temas favoritos cada vez que Eduardo pisava na Itália. Entre raviólis, que ele exigia muito quentes, Eduardo falava "do Deus sujo", ou seja, "o mais humano dos deuses". Assumia as contradições e as quedas de Maradona. Admirava porque dava valor ao sul da Itália e porque apoiava Fidel e Che e disparava contra Bush e Havelange. Também agradecia a Diego por ter demonstrado que "a fantasia pode ser eficaz". "Obrigado por ter me entendido", devolveu Maradona quando Eduardo morreu. Na Itália, Galeano continuava falando de Diego enquanto comia *porchetta*, uma polpa de carne de porco bem temperada sobre um pão caseiro, prato usual em Roma, onde ele também visitava Gianni Minà, outro bom defensor de Maradona em seu país. Foi com ele ao estádio Olímpico assistir um Roma-Inter, semifinal da Copa Itália. Sabia de cor a formação do Inter de Helenio Herrera. Na Copa de 1982, celebrou a final em que a Itália ganhou da Alemanha jantando numa *trattoria* cheia de italianos na Catalunha, celebrando todos juntos a alegria de Sandro Pertini, que na época era presidente da Itália e tinha sido um referencial emblemático da resistência ao regime fascista.

Eduardo também amava o bom vinho tinto e a cerveja, talvez em homenagem ao sobrenome paterno Hughes, que Galeano, lembra Ruocco, transformava em "Jius", por causa da pronúncia, quando assinava suas ilustrações. Em um hipotético ranking de preferências, claro, o Uruguai liderava. Eduardo agradeceu ao mestre Oscar Tabárez por conduzir uma seleção que deteve "um período vergonhoso, o da divinização e da demagogia da violência, essa ideia de que o futebol uruguaio deveria ser salvo na base da porrada". De que a garra uruguaia, em lugar de "dignidade", poderia ser "deslealdade". Depois da uruguaia, Ruocco diz que Eduardo torcia pela seleção argentina. Também a seleção do Brasil na Copa do México, em 1970 ("sou mulato ideológico") e o Barcelona e Messi. "Você viu como esses filhos da puta eliminaram o Barcelona?", disse Galeano uma tarde de abril de 2010 a Ángel Cappa, na livraria El Ateneo, de Buenos Aires. Estava indignado com o *catenaccio* da Inter de José Mourinho, que dessa forma tinha passado à final da Champions. "Eduardo gostava e desfrutava muito do bom futebol, e se indignava quando um time ganhava apostando no não jogo." Galeano recebeu, feliz, o prêmio Manuel Vázquez Montalbán que foi dado pelo Barcelona em 2010 e que ele dedicou ao presidente do clube que foi fuzilado pelo franquismo. Mas a de Galeano era, como já foi dito aqui, uma paixão "sem talibanismos", embora com desespero por um bom jogo. Depois de uma derrota amarga da seleção uruguaia, Galeano disse que "na verdade, ver o Uruguai jogar horrorosamente mal incita ao suicídio, a me jogar do Palácio Salvo, mas o problema é que se todos nos suicidarmos o país ficaria vazio, já que somos tão poucos", lembra Ruocco.

O futebol, continua ele, acompanhou Eduardo até pouco antes da sua morte. "Quando o final já era inevitável, o futebol foi uma das saídas diante de uma realidade cujo desenlace ele conhecia perfeitamente e assumia com coragem. Duas ou três vezes por semana eu ia até a casa dele para ver os jogos pela televisão e depois ficar comentando. Naquelas horas, o futebol era um bálsamo. Fugaz, mas bálsamo."

Gonzalo Fernández, eminente criminalista uruguaio, visitou Galeano semanas antes da sua morte. Contou que era parente de um ex-jogador do Nacional. Bastou essa menção para que Eduardo recitasse a biografia completa do jogador e a lista de todos os clubes por onde ele tinha passado. O futebol, Eduardo sabia muito bem, podia ser "veneno" nas mãos de Havelange. Mas era "remédio" nos pés de Maradona ou de Messi. No verão de 2011 em Piriápolis, entre canções de Alfredo Zitarrosa e discussões políticas e da vida, Messi aparecia sempre na boca de Eduardo. "Nunca vi nada igual", me dizia. Por isso riu feito criança quando meses depois o preparador físico Fernando Signorini, em pleno jantar que compartilhamos certa noite em Palermo, no Il Gran Caruso, levou para ele uma camiseta da seleção argentina com uma dedicatória de Messi: "Para Eduardo, com afeto". Não largou a camiseta o resto da noite.

Galeano dizia que suas mãos se vingaram do que não tinha conseguido fazer com os pés. Porque tinha sido um "centro-direita perna de pau". Mas também escreveu sobre futebol porque o futebol, dizia sempre, "é o espelho do mundo e em meus livros eu trato da realidade". Para este livro, redescobrimos um dos textos em que melhor explicou seu amor pelo futebol. Em 1997 ele tinha sido convidado para abrir um congresso de esportes em Copenhague. "Que paixão popular não é alvo de manipulação?" perguntou ele a sociólogos, médicos, intelectuais e jornalistas, muitos deles excessivamente escandalizados, como se a corrupção no esporte "puro e nobre" fosse coisa do outro mundo. "Existe alguma coisa que não seja um negócio?", insistia Galeano. Estava falando ao Primeiro Mundo. Democrático. "O norte e o sul jamais se medem em igualdade de condições, nem no futebol nem em nada, por mais democrático que o mundo diga ser." Porque "as emoções coletivas", dizia ele, "ou se fazem festa compartilhada ou compartilhado naufrágio, e existem sem dar explicações nem pedir desculpa". O texto completo, publicado aqui pela primeira vez, é uma das tantas joias deste novo livro, que inclui artigos de futebol e outras histórias perdidas aqui e acolá e não publicadas na edição original de *Futebol ao sol e à sombra*. O que sim está são os adendos incorporados depois da Copa de 1994, como o capítulo da França 98, em que Galeano diz que a Adidas acabou ganhando o penta antes que o Brasil. E as aulas de geopolítica que Galeano oferecia a todos nós em cada Copa. Pelos relatos e artigos selecionados (a lista inclui uma longa entrevista a *El Gráfico*) desfilam o racismo, os sonhos de Helena, o colombiano que antes de ficar cego viu um gol de Maradona contra os ingleses, o escorpião de René Higuita, a Guerra do Futebol, "Deus no céu e Pelé na terra", a Democracia Corintiana, a asma do Che, a tecnologia, o Mundial de Robôs e até o polvo Paul.

Eduardo (ele ficaria zangado com esta definição) foi o intelectual que mais e melhor amou o futebol. Nas antípodas de Borges, para Galeano "o intelectual que mais brilhantemente desprezou o futebol". Nós nos conhecemos em 1994, quando ele estava preparando *Futebol ao sol e à sombra* e veio até a minha casa no bairro de Abasto, em Buenos Aires. E vinte anos depois compartilhamos a história dos mundiais para a Televisão Pública Argentina, de acordo com o olhar dele, claro: assim, foi uma mistura de jornalismo, entrevistas com grandes craques, antropologia, mitos, curiosidade, narração e sensibilidade popular. Os "dragões do mal", como ele se referia ao câncer, já estavam lá. "Eduardo, vamos em frente, não é?", eu disse a ele, temeroso da minha inexperiência em televisão e agarrado a um roteiro, nós dois sentados segundos antes de começar a gravar num belo estúdio do bairro de Palermo. "Onde a gente vai jantar depois?" foi sua única resposta. Intuí meu fracasso e me dediquei a desfrutar. Fora de qualquer roteiro, Galeano iniciou sua crítica habitual ao poder. Dizendo que "a FIFA é o FMI do futebol", "a monarquia mais misteriosa do planeta", e que em Joseph Blatter "eu não acredito nem quando o que ele está dizendo é verdade". O Galeano de sempre.

FECHADO POR MOTIVO DE FUTEBOL

Por que escrevo

Para começar, uma confissão: desde que era bebê, eu quis ser jogador de futebol. E fui o melhor dos melhores, o número um, mas só em sonhos, enquanto dormia.

Ao despertar, nem bem caminhava um par de passos e chutava alguma pedrinha na calçada, já confirmava que o meu negócio não era o futebol. Estava na cara; eu não tinha outro remédio a não ser tentar algum outro ofício.

Tentei vários, sem sorte, até que finalmente comecei a escrever, para ver se saía alguma coisa.

Tentei, e continuo tentando, aprender a voar na escuridão, como os morcegos, nestes tempos sombrios.

Tentei, e continuo tentando, assumir minha incapacidade de ser neutro e minha incapacidade de ser objetivo, talvez porque me nego a me transformar em objeto, indiferente às paixões humanas.

Tentei, e continuo tentando, descobrir as mulheres e os homens animados pela vontade de justiça e pela vontade de beleza, além das fronteiras dos tempos e dos mapas, porque eles são meus compatriotas e meus contemporâneos, tenham nascido onde tenham nascido e tenham vivido quando tenham vivido.

Tentei, e continuo tentando, ser tão teimoso para continuar acreditando, apesar de todos os pesares, que nós, os humaninhos, somos bastante malfeitos, mas não estamos terminados. E continuo acreditando, também, que o arco-íris humano tem mais cores e mais fulgores que o arco-íris celeste, mas estamos cegos, ou melhor, enceguecidos, por uma longa tradição mutiladora.

E em definitivo, resumindo, diria que escrevo tentando que sejamos mais fortes que o medo do erro ou do castigo, na hora de escolher no eterno combate entre os indignos e os indignados.

O parto

Ao amanhecer, dona Tota chegou a um hospital no bairro de Lanús. Ela trazia um menino na barriga. No umbral, encontrou uma estrela, na forma de prendedor de cabelos, jogada no chão.

A estrela brilhava em um lado, e no outro não. Isso acontece com as estrelas, toda vez que caem na terra, e na terra se reviram: em um lado são de prata, e fulguram esconjurando as noites do mundo; e no outro são só de lata.

Essa estrela de prata e de lata, apertada na mão, acompanhou dona Tota no parto.

O recém-nascido foi chamado de Diego Armando Maradona.

Maradona

Nenhum jogador consagrado tinha denunciado sem papas na língua os amos do negócio do futebol. Foi o esportista mais famoso e mais popular de todos os tempos quem rompeu barreiras na defesa dos jogadores que não eram famosos nem populares.

Esse ídolo generoso e solidário tinha sido capaz de cometer, em apenas cinco minutos, os dois gols mais contraditórios de toda a história do futebol. Seus devotos o veneravam pelos dois: não apenas era digno de admiração o gol do artista, bordado pelas diabruras de suas pernas, como também, e talvez mais, o gol do ladrão, que sua mão roubou. Diego Armando Maradona foi adorado não apenas por causa de seus prodigiosos malabarismos, mas também porque era um deus sujo, pecador, o mais humano dos deuses. Qualquer um podia reconhecer nele uma síntese ambulante das fraquezas humanas, ou ao menos masculinas: mulherengo, beberrão, comilão, malandro, mentiroso, fanfarrão, irresponsável.

Mas os deuses não se aposentam, por mais humanos que sejam.

Ele jamais conseguiu voltar para a anônima multidão de onde vinha.

A fama, que o havia salvo da miséria, tornou-o prisioneiro.

Maradona foi condenado a se achar Maradona e obrigado a ser a estrela de cada festa, o bebê de cada batismo, o morto de cada velório. Mais devastadora que a cocaína foi a sucessoína. As análises, de urina ou de sangue, não detectam essa droga.

O gol do século

13 de julho

Neste dia do ano de 2002, o órgão supremo do futebol divulgou o resultado de uma pesquisa universal: *Escolha o gol do século XX*.

Ganhou, por esmagadora maioria, o gol de Diego Maradona no Mundial de 1986, quando dançando com a bola grudada no pé deixou seis ingleses perdidos pelo caminho.

Essa foi a última imagem do mundo que foi vista por Manuel Alba Olivares.

Ele tinha onze anos, e naquele mágico momento seus olhos se apagaram para sempre. Mas ele guardou o gol intacto na memória, e é capaz de contar esse gol muito melhor que os melhores locutores.

A partir daquele momento, para ver futebol e outras coisas não tão importantes, Manuel pede emprestados os olhos dos amigos.

Graças a eles, esse colombiano cego fundou e preside um clube de futebol, foi e continua sendo o técnico do time, comenta os jogos em seu programa de rádio, canta para divertir a audiência e nas horas vagas trabalha como advogado.

A magia imperdoável

[Copa dos Estados Unidos 1994]

Há anos Maradona vem cometendo o pecado de ser o melhor, o delito de denunciar a viva voz as coisas que o poder manda calar e o crime de jogar com a canhota, algo que, segundo o *Pequeno Larousse Ilustrado*, significa "com a esquerda" e também significa "o contrário do que deve ser feito".

Maradona nunca tinha usado estimulantes para multiplicar o corpo, nas vésperas de suas partidas. É verdade que andou metido na cocaína, mas se dopava nas festas tristes, para esquecer ou ser esquecido, quando já estava encurralado pela glória e não conseguia viver sem a fama que não o deixava viver. Jogava melhor que todos apesar da cocaína, e não por causa dela.

Desde que a multidão gritou seu nome pela primeira vez, quando ele tinha dezesseis anos, o peso do seu próprio personagem faz suas costas rangerem. É um homem que leva muito tempo trabalhando e cumprindo as funções de deus nos estádios, submetido à tirania do rendimento sobre-humano, empapado de cortisona e analgésicos e aplausos: acossado pelas exigências de seus devotos e pelo ódio de seus ofendidos.

O prazer de derrubar ídolos é diretamente proporcional à necessidade de ter ídolos. Anos atrás, na Espanha, quando Goicoechea bateu nele por trás e sem disputa de bola e deixou Maradona fora dos campos por vários meses, não faltaram fãs que levaram em andor o culpado desse homicídio premeditado, e mundo afora sobrou gente que celebrou a queda do insolente argentininho morto de fome, intruso no cume do mundo, charlatão estrepitoso e de mau gosto.

Depois, em Nápoles, Maradona foi Maradona e São Genaro se transformou em São Gennarmando. Nas ruas, eram vendidos santinhos da divindade de calção, iluminada pelo alo da Virgem ou envolta no manto sagrado do santo que sangra, e também eram vendidas garrafinhas com lágrimas de Berlusconi. Fazia setenta anos que o Nápoles não ganhava um campeonato, cidade condenada às fúrias do Vesúvio e à derrota eterna nos campos de futebol, e graças a Maradona o obscuro sul pôde vencer o branco norte que o desprezava, campeonato atrás de campeonato, na Itália e na Europa. Cada gol era uma revanche da história. Em Milão, odiavam o culpado de tanta afronta, e ele era chamado de "presunto com cachos". E não apenas em Milão: no Mundial de 1990, a maioria do público castigava Maradona com saraivadas de vaias cada vez que ele tocava a bola, e a derrota argentina diante da Alemanha foi celebrada como uma vitória italiana.

Naquela altura, já havia quem jogasse pela janela dele bonecos de cera atravessados por alfinetes. E explodiu o escândalo da cocaína, que transformou Maradona em Maracoca, e a televisão transmitiu ao vivo, como se fosse um jogo, o acerto de contas: a Itália inteira viu como a polícia levava preso o delinquente que tinha-se feito passar por herói. O processo que condenou Maradona foi o mais rápido da história judicial de Nápoles.

A mesma coisa aconteceu mais tarde em Buenos Aires. Preso com transmissão direta e ao vivo pela televisão, para os que se deleitam com o espetáculo do rei nu. "É um enfermo", disseram. Disseram: "Está acabado". O messias convocado para redimir a humilhação dos italianos do sul tinha sido também o vingador da derrota argentina na guerra das Malvinas, graças a um gol duvidoso e de armação, e a outro gol fabuloso, que deixou os ingleses girando que nem pião por anos e anos; mas na hora da queda, Maradona não foi mais que um farsante drogado e putanheiro, que havia traído a criançada e desonrado o esporte. E até um fabricante de opinião que o tempo fará esquecer num instante conseguiu se dar o luxo de dizer que o inesquecível Maradona fazia com que ele sentisse pena. Maradona fazia com que ele sentisse pena. E Maradona foi dado como morto.

Os mesmos jornalistas que o perseguiam com microfones o acusavam, naquele tempo como agora, de falar demais. Não faltava a eles, como continua não faltando, razão; mas isso não era, nem é, o que não podiam perdoar dele: na verdade, não gostam do que ele fala porque quando fala, Maradona é tão incontrolável como quando joga.

Esse baixinho teve e tem o costume de disparar golpes para o alto, para cima. No México e nos Estados Unidos, na Copa de 86 e na de 94, foi dele a voz mais forte a denunciar a ditadura da televisão, que pôs o futebol a seu serviço e obriga a haver jogos ao meio-dia debaixo de um sol capaz de derreter pedregulhos. Maradona foi e continua sendo o homem das perguntas insuportáveis: será o jogador o mico do circo? Por que os jogadores não conhecem as contas secretas da FIFA, a todo-poderosa multinacional do futebol? Por que não se pode saber quanto dinheiro suas pernas produzem? Por que jamais os jogadores foram consultados pela FIFA na hora de tomar decisões? Por que as regras do futebol mudam sem que os jogadores possam dar nem um pio? Joseph Blatter, burocrata do futebol que jamais chutou uma bola mas anda em limusine de oito metros e com chofer negro, limitou-se a responder: "O último astro argentino foi Di Stéfano".

Maradona ressuscitou, e estava sendo outra vez, de longe, o melhor deste mundial. Mas a máquina do poder tinha feito dele um jurado de morte. Ele cantava, certeiro, o que estava por vir. E isso tem seu preço, e o preço é cobrado à vista e sem desconto. O próprio Maradona deu de presente a justificativa, graças à sua tendência suicida de se oferecer em bandeja de prata para a boca de seus muitos inimigos e a essa irresponsabilidade infantil que o empurra a se precipitar a tudo que seja armadilha que apareça em seu caminho.

Maradona se foi, e o Mundial não é o que vinha sendo. Ninguém se diverte e diverte tanto conversando com a bola. Ninguém dá tanta alegria como esse mago que dança e voa e decide partidas com um passe impossível ou um tiro fulminante. No frígido futebol de fim de século, foi-se embora o homem que nos demonstrava que a fantasia também pode ser eficaz.

E ficamos todos um pouquinho mais sozinhos.

Leo

Ricardo Marchini sentiu que a hora da verdade tinha chegado.
– Vamos, Leo – disse ele. – Precisamos conversar.
E foram-se embora, rua acima, os dois. Andaram um bom tempo pelo bairro de Saavedra, dando voltas, em silêncio. Leonardo se atrasava muito, como de costume, e depois apurava o passo para alcançar Ricardo, que caminhava com as mãos nos bolsos e o cenho franzido.
Ao chegar à praça, Ricardo sentou-se. Engoliu saliva. Apertou a cara de Leonardo entre as mãos e, olhando em seus olhos, largou o jorro:
– Olha aqui, Leo, perdoe o que vou dizer mas você não é filho de papai e de mamãe e é melhor ir logo sabendo, Leo, que pegaram você na rua.
Suspirou fundo.
– Eu tinha de dizer, Leo.
Leonardo tinha sido encontrado no lixo, recém-nascido, mas Ricardo preferiu poupá-lo desse detalhe.
Então, voltaram para casa.
Ricardo ia assoviando.
Leonardo se detinha aos pés de suas árvores preferidas, saudava os vizinhos sacudindo o rabo e ladrava para a sombra furtiva de algum gato.

Os vizinhos gostavam dele porque era marrom e branco, feito o Platense, o clube de futebol do bairro, que não ganhava quase nunca.

Condores

Em lombo de mula, ou lombo de moto, ou lombo de si mesmo, Federico Ocaranza percorre as montanhas de Salta. Ele anda curando bocas nessas solidões, nessas pobretudes. A chegada do dentista, o inimigo da dor, é uma boa notícia; e lá as boas notícias são poucas, como pouco é tudo.

Federico joga futebol com os meninos, que raras vezes visitam a escola. Eles aprendem o que sabem pastoreando cabras e perseguindo alguma bola de meia entre as nuvens.

Entre gol e gol se divertem caçoando dos condores. Deitam-se sobre o solo de pedra, com os braços abertos em cruz, e quando os condores se lançam ao ataque, os defuntinhos dão um pulo.

Mão de obra

Mohammed Ashraf não vai à escola.

Desde que sai o sol até que a lua apareça, ele corta, recorta, perfura, arma e costura bolas de futebol, que saem rodando da aldeia paquistanesa de Umar Kot para os estádios do mundo.

Mohammed tem onze anos. Faz isso desde os cinco.

Se soubesse ler, e ler em inglês, poderia entender a inscrição que ele prega em cada uma de suas obras: *Esta bola não foi fabricada por crianças.*

O leitor

Num de seus contos, Soriano imaginou um jogo de futebol em alguma aldeia perdida na Patagônia. Ninguém jamais tinha feito um gol contra o time local em seu campo. Tamanha ofensa era proibida, sob pena de forca ou de tremenda sova. No conto, o time visitante evitou a tentação o jogo inteiro; mas no finzinho o centroavante ficou sozinho na frente do goleiro e não teve outro remédio além de passar a bola pelo meio de suas pernas.

Dez anos depois, quando Soriano chegou ao aeroporto de Neuquén, um desconhecido amassou-o num abraço e levantou-o com mala e tudo:

– Gol, não! Golaço! – gritou. – Estou vendo você! Você festejou que nem Pelé!

Depois, cobriu a cabeça:

– E que chuva de pedras! A sova que a gente levou!

Soriano, boquiaberto, escutava de mala na mão.

– Desabaram em cima de você! Eram uma cidade inteira! – gritou o entusiasta. E, apontando para ele com o polegar, informou aos curiosos que estavam se aproximando:

– Eu salvei a vida desse aí!

E contou a todos, com todos os detalhes, a tremenda briga que se armou no fim do jogo: aquela partida que o autor tinha disputado na solidão, numa noite longínqua, sentado na frente de uma máquina de escrever, um cinzeiro cheio de guimbas e um par de gatos dorminhocos.

O chapeleiro

O telefone tocou, escutei a voz alquebrada: um erro desses, não dá para acreditar, escuta aqui, não estou falando só por falar, um engano até pode ser, tudo bem, a gente supera, acontece com qualquer um, mas um erro desses...

Fiquei mudo. Esperei pelo pior. Eu acabava de publicar um livro sobre futebol num país, o meu país, onde todos são doutores no assunto. Fechei os olhos e esperei a sentença:

– O Mundial de 30 – acusou a voz, gasta mas implacável.

– Sim – murmurei.

– Foi em julho.

– Foi.

– E que tempo faz em julho, em Montevidéu?

– Frio.

– Muito frio – corrigiu a voz, e atacou: – E o senhor vem e me escreve que no estádio havia um mar de chapéus de palha! De palha? – indignou-se. – De feltro! Eram de feltro!

A voz baixou de tom, recordou:

– Eu estava lá, naquela tarde. Ganhamos por 4 a 2, é como se estivesse vendo agora. Mas não é por isso que telefonei. É porque eu sou chapeleiro, sempre fui, e muitos daqueles chapéus... fui eu que fiz.

E outro

Aquela não era uma tarde de um domingo qualquer do ano de 1967.

Era uma tarde de clássico. O clube Santafé jogava contra o Millonarios, e a cidade de Bogotá estava inteira nas arquibancadas do estádio. Fora do estádio, não havia ninguém que não fosse paralítico ou cego.

Já parecia que o jogo ia terminar num empate, quando Omar Lorenzo Devanni, o goleador do Santafé, o artilheiro, caiu na área. O juiz apitou pênalti.

Devanni ficou perplexo: aquilo era um erro, ninguém havia tocado nele, ele tinha caído por um tropicão. Quis dizer isso ao juiz, mas os jogadores do Santafé o ergueram e o levaram nos braços até a marca branca da execução. Não tinha como voltar atrás: o estádio rugia, desabava.

Entre os três postes, postes de forca, o goleiro aguardava.

E então Devanni pôs a bola em cima da marca branca.

Ele soube muito bem o que ia fazer, e o preço que iria pagar por fazer o que ia fazer. Escolheu sua ruína, escolheu sua glória: tomou impulso e com todas as suas forças chutou para fora, bem longe do gol.

Os contos contam/1

Em *Bocas do tempo*, contei uma história que aconteceu em 1967 no principal estádio de futebol da Colômbia.

Não cabia um alfinete, o estádio fervia. O campeonato estava sendo definido entre os dois times dominantes de Bogotá: o Millonarios e o Santafé.

Omar Devanni, artilheiro do Santafé, caiu na área, no último minuto daquele superclássico; e o árbitro apitou pênalti.

Mas Devanni tinha tropeçado: ninguém havia acertado ele, nem mesmo roçado. O árbitro tinha se enganado, e não podia mais dar marcha a ré diante da multidão rugidora que lotava o estádio.

Então Devanni chutou aquele pênalti que não existia. Disparou muito serenamente, lançando a bola muito, muito longe mesmo do arco rival.

Esse ato de coragem selou a sua ruína, mas outorgou a ele o direito de se reconhecer cada manhã diante do espelho.

Uns quantos anos depois, recebi uma carta de alguém que eu não conhecia, Alejandro Amorín. Devanni já estava afastado do futebol, tinha um bar em algum lugar do mar do Caribe, quando esse Alejandro perguntou a ele sobre aquele assunto. No começo, Devanni disse que não se lembrava. Depois disse que podia ser, quem sabe?, talvez tivesse chutado mal aquele pênalti, *saiu assim, chutei mal, foi sem querer, são coisas do futebol...*

Falou como se desculpando por ter sido tão digno.

Os direitos civis no futebol

A grama crescia nos estádios vazios.

Pé de obra em pé de luta: os jogadores uruguaios, escravos de seus clubes, simplesmente exigiam que os dirigentes reconhecessem que seu sindicato existia e tinha o direito de existir. A causa era tão escandalosamente justa que o público apoiou os grevistas, embora o tempo passasse e cada domingo sem futebol fosse um insuportável bocejar.

Os dirigentes não davam o braço a torcer, e sentados esperavam a rendição pela fome. Mas os jogadores não afrouxaram. O exemplo de um homem de fronte alta e poucas palavras, que crescia no castigo e levantava os caídos e empurrava os cansados ajudou muito: Obdulio Varela, negro, quase analfabeto, jogador de futebol e pedreiro.

E assim, depois de sete meses, os jogadores uruguaios ganharam a greve de pernas cruzadas.

Um ano depois, ganharam também o campeonato mundial de futebol.

O Brasil, dono da casa, era o favorito indiscutível. Vinha de golear a Espanha por 6 a 1 e a Suécia por 7 a 1. Pelo veredicto do destino, o Uruguai seria a vítima sacrificada em seus altares na cerimônia final. E assim estava acontecendo, e o Uruguai ia perdendo, e duzentas mil pessoas rugiam nas arquibancadas, quando Obdulio, que estava jogando com o tornozelo inflamado, apertou os dentes. E o que tinha sido capitão da greve foi então capitão de uma vitória impossível.

Exorcismo

Ocorreu em 1950. Contra todas as previsões, contra todas as evidências, o Brasil foi derrotado pelo Uruguai e perdeu seu campeonato mundial de futebol.

Depois do apito final, enquanto o sol caía, o público permaneceu sentado nas arquibancadas do recém-inaugurado estádio do Maracanã. Uma cidade talhada em pedra, imenso monumento à derrota: a maior multidão jamais reunida na história do futebol não conseguia falar, nem conseguia se mexer. Lá ficaram os aflitos, até alta noite.

E lá estava Isaías Ambrósio. Tinha ganho uma entrada, por ter sido um dos pedreiros que construíram o estádio.

Meio século depois, Isaías continuava lá.

Sentado no mesmo lugar, diante das arquibancadas vazias do gigante de cimento, repetia sua cerimônia inútil. A cada entardecer, na hora fatal, Isaías transmitia a jogada que havia selado a derrota, a boca grudada num microfone invisível, para a audiência de uma rádio imaginária. Transmitia passo a passo, sem esquecer nenhum detalhe, e com voz de locutor profissional gritava o gol, chorava o gol, e tornava a chorá-lo, como na tarde anterior e na tarde seguinte e em todas as tardes.

Eu confesso

Vou revelar meu segredo.
Não quero, não posso levar este segredo para a tumba.
Eu sei por que o Uruguai foi campeão mundial em 1950.
Aquela façanha ocorreu graças à valentia de Obdulio, à astúcia de Schiaffino, à velocidade de Ghiggia. É verdade.
Mas também por algo mais.
Eu tinha nove anos e era muito religioso, devoto do futebol e de Deus, nessa ordem.
Naquela tarde roí as unhas e a mão também, escutando, pelo rádio, o relato de Carlos Solé, que estava lá no Maracanã.
Gol do Brasil.
Ai!
Caí de joelhos e, chorando, roguei a Deus, ai meu Deus, ai meu Deusinho, me faça esse favor, estou rogando, não me negue esse milagre.
E fiz minha promessa.
Deus me atendeu, o Uruguai ganhou, mas eu jamais consegui lembrar o que é que tinha prometido.
Ainda bem.
Talvez tenha me salvado de andar sussurrando pais--nossos dia e noite, durante anos e anos, sonâmbulo perdido pelas ruas de Montevidéu.

Maracanã

Os moribundos atrasaram suas mortes e os bebês apressaram seus nascimentos.
　Rio de Janeiro, 16 de julho de 1950, estádio do Maracanã.
　Na noite anterior, ninguém conseguia dormir.
　Na manhã seguinte, ninguém queria despertar.

Uma cerimônia de exorcismo

15 de julho

Nesta noite de 1950, véspera da final da Copa do Mundo, Moacir Barbosa dormiu embalado pelos anjos.
Era o homem mais amado do Brasil inteiro.
Mas, no dia seguinte, o melhor goleiro do mundo passou a ser um traidor da pátria: Barbosa não tinha sido capaz de agarrar o gol uruguaio que arrebatou do Brasil a taça do mundo.
Treze anos depois, quando o estádio do Maracanã renovou seus arcos, Barbosa levou com ele os três pedaços de madeira onde aquele gol o havia humilhado. E partiu a madeira a machadadas, e queimou tudo até tudo virar cinza.
O exorcismo não o salvou da maldição.

Meu querido inimigo

16 de julho

A camisa do Brasil era branca. E nunca mais foi branca, desde que a Copa de 50 demonstrou que essa era a cor da desgraça.

Duzentas mil estátuas de pedra no Maracanã: a final tinha acabado, o Uruguai era o campeão do mundo, e o público não se mexia.

No campo, alguns jogadores ainda perambulavam.

Os dois melhores, Obdulio e Zizinho, se cruzaram.

Se cruzaram, se olharam.

Eram muito diferentes. Obdulio, o vencedor, era de ferro. Zizinho, o vencido, era feito de música. Mas também eram muito parecidos: os dois tinham jogado a Copa inteira machucados, um com o tornozelo inflamado, o outro com o joelho inchado, e de nenhum deles ninguém ouviu uma única queixa.

No fim do jogo, não sabiam se trocavam uma porrada ou um abraço.

Anos depois, perguntei a Obdulio:

— E você tem visto o Zizinho?

— Tenho. De vez em quando. Fechamos os olhos e nos vemos.

Obdulio

1950. Rio de Janeiro

A coisa está feia, mas Obdulio estufa o peito, pisa forte e mete a perna. O capitão do time uruguaio, negro mandão e fornido, não se encolhe. Obdulio cresce quando a imensa multidão ruge mais, multidão inimiga, nas arquibancadas.

Surpresa e luto no estádio do Maracanã: o Brasil, goleador, demolidor, favorito de ponta a ponta, perde a última partida no último minuto. O Uruguai, jogando com alma e vida, ganha o campeonato mundial de futebol.

Ao anoitecer, Obdulio Varela foge do hotel, assediado por jornalistas, torcedores e curiosos. Obdulio prefere celebrar na solidão. E vai beber por aí, em qualquer botequim; mas em todas as partes encontra brasileiros chorando.

– Culpa daquele Obdulio – dizem, banhados em lágrimas, os que há algumas horas vociferavam no estádio. – O Obdulio ganhou o jogo.

E Obdulio sente um estupor pela raiva que teve deles, agora que os vê um a um. A vitória começa a pesar em suas costas. Ele arruinou a festa dessa gente boa, e sente vontade de pedir perdão por ter cometido a tremenda maldade de ganhar. Por isso, continua caminhando pelas ruas do Rio de Janeiro, de bar em bar. E assim amanhece, bebendo, abraçado aos vencidos.

O atleta exemplar

Foram dois os campeonatos mundiais de futebol disputados na Ásia, no ano de 2002. Num, jogaram os atletas de carne e osso. Noutro, e ao mesmo tempo, jogaram os robôs. Os torneios mundiais de robôs acontecem, a cada ano, em um lugar diferente. Seus organizadores têm a esperança de competir, daqui a algum tempo, contra as seleções de carne e osso. Afinal, dizem, um computador já derrotou o campeão Garry Kasparov num tabuleiro de xadrez, e não custa tanto imaginar que os atletas mecânicos cheguem a conseguir uma façanha semelhante num campo de futebol.

Os robôs, programados por engenheiros, são sólidos na defesa e velozes no ataque. Jamais se cansam nem protestam, nem perdem tempo com a bola: cumprem sem chiar as ordens do técnico e nem por um instante cometem a loucura de acreditar que os jogadores brincam. E nunca dão risada.

Coroação

Não foram dois. Foram três: em 2002, também houve um terceiro campeonato mundial.

Consistiu em um único jogo, disputado nos picos do Himalaia no mesmo dia em que o Brasil consagrou-se campeão em Tóquio.

Ninguém ficou sabendo.

Mediram suas forças as duas piores seleções do planeta, e a última e a penúltima do *ranking* mundial: o reino de Butão e a ilha caribenha de Montserrat.

O troféu era um grande caneco prateado, que esperava na beira do gramado.

Os jogadores, nenhum famoso, todos anônimos, se esbaldaram para valer, sem outra obrigação a não ser se divertir muito. E quando os dois times acabaram o jogo, o caneco, que estava colado pela metade, abriu-se ao meio e foi pelos dois compartilhado.

O Butão havia ganhado e o Montserrat havia perdido, mas esse detalhe não tinha a menor importância.

Agradeço o milagre

Na beira do altar, nas igrejas do México, acumulam-se os ex-votos. São imagens e letras, pintadas sobre latinhas, que dão *graças à Virgem de Guadalupe, porque as tropas de Pancho Villa violaram minha irmã mas não me violaram;*

graças ao Menino Jesus de Atocha, porque tenho três irmãs e eu sou a mais feia e me casei primeiro;

graças à Virgenzinha de Dolores, porque minha mulher fugiu com meu compadre Anselmo e agora ele vai pagar tudo que me fez nesta vida;

graças ao Divino Rosto de Acapulco, porque matei meu marido i num me fisero nada.

Era assim. Assim continua sendo. Mas também se veem novidades, como os ex-votos que dão *graças a Nosso Senhor Jesus Cristo porque atravessei o rio e fui para os Esteites e num me afoguei nem mi morrerum.*

Alfredo Vilchis, chamado de Leonardo da Vilchis, pinta ex-votos por encomenda no mercado da Lagunilla. Seus Jesus Cristos têm, todos, a cara dele. E com frequência também pinta, para acompanhar as palavras de gratidão, arcanjos vestidos com uniformes de times de futebol. São muitos os clientes que se encomendaram ao Céu nas vésperas de jogos decisivos, e o divino poder outorgou a graça dos gols ao clube de seus amores, ou à seleção mexicana.

Mais além do além

No final do verão de 1996, José Luis Chilavert marcou um gol histórico em Buenos Aires. O goleiro paraguaio, que pegava gols e também fazia, chutou de muito longe, quase que do meio do campo: a bola voou para o céu, atravessou as nuvens e de repente caiu vertical em cima do gol adversário, e entrou.

Os jornalistas quiseram conhecer o segredo do chute: como é que a bola tinha feito aquela viagem incrível? Por que caiu lá das alturas em linha reta?

– Porque bateu num anjo – explicou Chilavert.

Mas ninguém teve a ideia de ver se a bola estava manchada de sangue. Ninguém prestou atenção. E assim perdemos a oportunidade de saber se os anjos parecem com a gente, nem que seja só nisso.

O encapuzado

Seis anos depois, e indo contra a correnteza, a esquerda ganhou as eleições no Chile.

– Não podemos permitir... – advertiu Henry Kissinger.

Passados mil dias, um quartelaço bombardeou o palácio de governo, empurrou Salvador Allende para a morte, fuzilou muitos mais e salvou a democracia assassinando-a.

Na cidade de Santiago, o estádio de futebol foi transformado em cárcere.

Milhares de presos, sentados nas tribunas, esperavam que seu destino fosse decidido.

Um encapuzado percorria as arquibancadas. Ninguém via a sua cara; ele via a cara de todo mundo. Aquele olhar disparava balas: o encapuzado, um socialista arrependido, caminhava, parava, apontava com o dedo. Os homens por ele marcados, que tinham sido seus companheiros, iam para a tortura ou para a morte.

Os soldados o levavam atado, com uma corda no pescoço.

– Este encapuzado parece um cachorro com coleira – diziam os presos.

– Mas não é – diziam os cachorros.

O goleiro

Ao meio-dia, diante do cais de Hamburgo, dois homens bebiam e conversavam numa cervejaria. Um era Philip Agee, que havia sido chefe da CIA no Uruguai. O outro era eu.

O sol, não muito frequente naquelas latitudes, banhava a mesa de luz.

Entre cerveja e cerveja, perguntei pelo incêndio. Alguns anos antes, o jornal onde eu trabalhava, *Época*, havia ardido em chamas. Eu queria saber se aquilo tinha sido uma gentileza da CIA.

Não, me disse Agee. O incêndio tinha sido um presente da Providência Divina. E contou:

— Recebemos uma tinta estupenda para torrar rotativas, mas não pudemos utilizar.

A CIA não tinha conseguido enfiar um agente nas oficinas do jornal, nem recrutar nenhum dos trabalhadores da nossa gráfica. Nosso chefe de oficina não deixava passar uma. Era um grande goleiro, reconheceu Agee. *A great goalkeeper.*

Era sim, disse a ele. Era.

Gerardo Gatti, com aquela cara de bondade crônica e sem remédio, era um grande goleiro. E também sabia jogar no ataque.

Quando nos encontramos em Hamburgo, Agee havia rompido com a CIA, uma ditadura militar governava o Uruguai e Gerardo tinha sido sequestrado, torturado, assassinado e desaparecido.

Verão de 42

Há anos, em Kiev, me contaram por que os jogadores do Dínamo tinham merecido uma estátua.
 Contaram uma estória dos anos da guerra.
 Ucrânia ocupada pelos nazistas. Os alemães organizam um jogo de futebol. A seleção nacional de suas forças armadas contra o Dínamo de Kiev, formada pelos operários da fábrica de tecidos: os super-homens contra os mortos de fome.
 O estádio está lotado. As arquibancadas se encolhem, silenciosas, quando o exército vencedor mete o primeiro gol da tarde: se acendem quando o Dínamo empata, estalam quando o primeiro tempo termina com os alemães perdendo por 2 a 1.
 O comandante das tropas de ocupação envia seu assistente aos vestiários. Os jogadores do Dínamo escutam a advertência:
 – Nosso time nunca foi vencido em territórios ocupados.
 E a ameaça:
 – Se ganharem, serão fuzilados.
 Os jogadores voltam ao campo.
 Poucos minutos depois, terceiro gol do Dínamo. O público acompanha o jogo em pé, e em um único longo grito. Quarto gol: o estádio vem abaixo.

De repente, antes da hora, o juiz dá por terminado o jogo. Foram fuzilados com as camisetas, no alto de um barranco.

Dias e noites
de amor e de guerra/1

Lembro o dia em que começou a violência.
 Meu irmão Guillermo estava brincando com o Gallego Paz na calçada de nossa casa da rua Osório.
 Era um meio-dia de verão.
 Sentado no patamar da porta de casa, eu os olhava chutando a bola de pano.
 O Gallego, maior que a gente, tinha fama de valente e era o chefe da turma. Nos bairros vizinhos, abriam passo quando ele chegava.
 Houve um gol duvidoso, ou qualquer coisa assim, e se agarraram a porradas. Meu irmão ficou no chão e o Gallego, que tinha prendido seus braços com os joelhos, batia, sentado em cima dele.
 Eu olhava o Gallego bater, e não me mexia nem dizia nada.
 De repente alguma coisa como um gatilho disparou dentro de mim e me enevoou o olhar e me empurrou e avancei.
 Não soube direito o que aconteceu depois. Me contaram que foi uma chuva de porradas e chutes e cabeçadas e que me agarrei no pescoço do Gallego como um cão raivoso e que não havia jeito de me arrancar.
 Lembro que eu estava atônito, depois, escutando tudo isso como se fosse estória de outro, enquanto tremia e lambia o sangue dos nós de meus dedos.

Dias e noites
de amor e de guerra/2

[Em 1975, com os colegas da redação da revista *Crisis*] íamos jogar futebol em Palermo, todas as quartas-feiras de manhã. Atrás, Vicente [Zito Lema] era o dono da área. Na frente, avançava a toda. Eu gostava de servir-lhe os escanteios para que ele enfiasse de cabeça. "Boa, Eduardo!", gritava sempre, até que eu, perna de pau de nascença, errava gols feitos.

Às vezes, saíamos juntos dos vestiários. Ele me contava coisas do avô, sapateiro, anarquista, bom de faca e de baralho, que aos setenta anos perseguia meninas pelas ruas.

Dias e noites
de amor e de guerra/3

No jornal *Época*, de Montevidéu, também era assim. A gente entrava naquela redação de garotos e se sentia abraçado mesmo que ali não houvesse ninguém.

Se passaram dez anos ou um instante. De quantos séculos está feito esse momento que vivo agora? De quantos ares o ar que respiro? Anos idos, ares idos: anos e ares guardados em mim e de mim multiplicados quando me sento e visto a capa de mago ou o boné de capitão ou o nariz de palhaço e aperto a lapiseira e escrevo. Escrevo, ou seja: adivinho, navego, convoco. Virão?

Palco mulambento, navio, circo mambembe. No jornal trabalhávamos pela fé, que sobrava e ninguém recebia nada. Tínhamos poucos anos e muita vontade de fazer e dizer: éramos alegres e confiantes, contagiosos.

A cada tanto nos fechava o governo e amanhecíamos na polícia. Recebíamos a notícia com mais alívio que indignação. Cada dia sem sair era um dia de tempo para juntar dinheiro e sair no dia seguinte. Íamos à Chefatura de Polícia, Andrés Cultelli, Manrique Salbarrey e eu, e ao chegar na porta nos despedíamos por via das dúvidas.

Sairemos hoje? Nunca se sabia. Chegava a meia-noite e as agências tinham levado os teletipos, por falta de pagamento; o nosso telefone tinha sido cortado; o único rádio caía e quebrava. As máquinas de escrever não tinham fita e às duas da manhã saíamos para buscar bobinas de papel. Era coisa de olhar da varanda e esperar um drama passional ali na esquina, mas não tínhamos nem filmes para as fotos. Houve até um incêndio, que arrebentou as máquinas da gráfica. E, mesmo assim, não sei como, *Época* estava nas ruas. Prova da existência de Deus ou magias da solidariedade?

Faltava idade a todos nós para que nos arrependêssemos da alegria. Às três da manhã, quando terminava a tarefa, abríamos um campo entre as escrivaninhas da redação e jogávamos futebol com uma bola de papel. Às vezes o que era juiz se vendia por um prato de lentilhas ou por um cigarrinho, e então voavam murros até que, lá da gráfica, subiam o primeiro exemplar do jornal, cheirando a tinta fresca, manchado de dedos, recém-nascido da boca da rotativa. Isso era um parto. Depois íamos embora, abraçados, rumo às avenidas à beira-mar, à espera do sol. Isso era um ritual.

Quem poderia esquecer esses tipos lindos? Não reconheço aquele pulso, aquele som, em minha gente de agora? Serve para alguma coisa, a minha memória? Quisemos quebrar a máquina de mentir... A memória: meu veneno, minha comida.

A garra charrua

No ano de 1832, os poucos índios charruas que tinham sobrevivido à derrota de Artigas foram convidados a firmar a paz, e o presidente do Uruguai, Fructuoso Rivera, prometeu que eles iam receber terras.

Quando os charruas estavam bem alimentados e bebidos e adormecidos, os soldados entraram em ação. Os índios foram libertados de suas penas e angústias a golpes de punhal, para não gastar balas, e para não se perder tempo com enterros foram atirados no arroio Salsipuedes.

Foi uma armadilha. A história oficial chamou de *batalha*. E cada vez que nós, uruguaios, ganhamos algum troféu de futebol, celebramos o triunfo da *garra charrua*.

A primeira juíza

O nome dela é Léa Campos, é brasileira, foi rainha de beleza em Minas Gerais e continua sendo a primeira mulher que exerceu a arbitragem em diversos campos de futebol da Europa e das Américas.

Conseguiu o título depois de quatro anos de cursos e exames, com diploma e tudo, mas ainda mais fortes que seus apitos soavam os assovios do público de machos indignados com a intrusa.

O juiz sempre foi juiz, o árbitro sempre foi árbitro, nunca árbitra, nunca juíza. O monopólio masculino se rompeu quando Léa conquistou o mando supremo nos gramados, diante de 22 homens obrigados a obedecer as suas ordens e submeter-se aos seus castigos.

Alguns dirigentes do futebol brasileiro foram os primeiros a denunciar o sacrilégio. Houve os que ameaçaram renunciar, e outros invocaram duvidosas fontes científicas que demonstravam que a estrutura óssea da mulher, inferior à do homem, a impedia de cumprir tarefa tão extenuante.

Atletos e atletas

12 de agosto

Em 1928, terminaram as Olimpíadas de Amsterdã.

Tarzan, vulgo Johnny Weissmuller, foi o campeão de natação, e o Uruguai, campeão de futebol. E pela primeira vez a tocha olímpica, acesa numa torre, acompanhou as jornadas do princípio ao fim.

Mas essas Olimpíadas acabaram sendo memoráveis por causa de outra novidade: pela primeira vez, as mulheres participaram.

Nunca antes, na história das Olimpíadas, da Grécia em diante, se havia visto nada igual.

Nas Olimpíadas gregas, as mulheres eram proibidas de competir, e não podiam nem mesmo assistir aos espetáculos.

E o fundador das Olimpíadas modernas, o Barão de Coubertin, se opôs à presença feminina enquanto seu reinado durou:

– Para elas, a graça, o lar e os filhos. Para eles, a competição esportiva.

Campeãs

20 de setembro

No ano de 2003, foi disputado o terceiro campeonato mundial de futebol feminino.

No fim do torneio, as jogadoras alemãs foram campeãs; e no ano de 2007 novamente ergueram o troféu mundial.

Elas não tinham percorrido um caminho de rosas.

De 1955 a 1970, o futebol tinha sido proibido para as mulheres alemãs.

A Associação Alemã de Futebol havia explicado a razão:

Na luta pela bola, desaparece a elegância feminina, e o corpo e a alma sofrem danos. A exibição do corpo ofende o pudor.

A guerra contra as guerras

Enquanto o século XXI nascia, morria Bertie Felstead, aos 106 anos de idade.

Havia atravessado três séculos, e era o único sobrevivente de um insólito jogo de futebol que foi disputado no Natal de 1915. Jogaram aquela partida os soldados britânicos e os soldados alemães, num campo improvisado entre as trincheiras. Uma bola apareceu, vinda sabe-se lá de onde, e desandou a rodar, não se sabe como, e então o campo de batalha se transformou num campo de futebol. Os inimigos jogaram para o alto suas armas e correram para disputar a bola.

Os soldados jogaram enquanto puderam, até que os oficiais furiosos fizeram com que se lembrassem de que estavam ali para matar ou morrer.

Passada a trégua do futebol, voltou a carnificina; mas a bola tinha aberto um fugaz espaço de encontro para aqueles homens obrigados a se odiar.

Revolução no futebol

Comandados por um extraordinário jogador chamado Sócrates, que era o mais respeitado e o mais querido, faz já lá se vão alguns anos, ainda nos tempos da ditadura militar, os jogadores brasileiros conquistaram a direção do Corinthians, um dos clubes mais poderosos do país.

Insólito, jamais visto: os jogadores decidiam tudo, entre todos, por maioria. Democraticamente, discutiam e votavam os métodos de trabalho, os sistemas de jogo que melhor se adaptavam a cada partida, a distribuição do dinheiro arrecadado e todo o resto. Em suas camisetas estava escrito *Democracia Corintiana*.

Depois de dois anos, os dirigentes afastados recuperaram o poder e mandaram parar. Mas enquanto a democracia durou, o Corinthians, governado pelos seus jogadores, ofereceu o futebol mais audaz e vistoso do país inteiro, atraiu as maiores multidões aos estádios e ganhou duas vezes seguidas o campeonato paulista.

Sirva-me outra Copa, por favor

A primeira Copa do Mundo foi disputada no Uruguai, em 1930.

O troféu, uma copa moldada em ouro puro sobre pedras preciosas, foi guardado pelo dirigente do futebol italiano Ottorino Barassi numa caixa de sapatos, debaixo da sua cama, até ser entregue às autoridades da FIFA.

Em 1966, quando terminou a Copa do Mundo disputada na Inglaterra, o troféu foi roubado de uma vitrine de Londres. Os melhores agentes da Scotland Yard não acharam pista alguma, até que um cão chamado Pickles encontrou a Copa, enrolada em jornais, num jardim suburbano de Londres. Pickles foi declarado herói nacional.

O roubo seguinte aconteceu em 1983. A Copa, transformada em lingotes de ouro, desapareceu no mercado negro do Rio de Janeiro.

A partir daí, o vencedor de cada campeonato mundial recebe uma cópia do troféu, mas o original ninguém vê e ninguém toca, trancado num cofre da FIFA em Zurique.

O ídolo descalço

Graças a Sailen Manna, o futebol da Índia ganhou a medalha de ouro nos jogos asiáticos de 1951.

A vida inteira ele jogou no Mohun Bagan sem receber salário, e nunca se deixou tentar pelos contratos que os clubes estrangeiros ofereciam.

Jogava descalço, e no campo inimigo seus pés nus eram coelhos impossíveis de serem apanhados.

Ele sempre levou, no bolso, a deusa Kali, aquela que sabe lutar de igual a igual com a morte.

Sailen tinha quase noventa anos quando morreu.

A deusa Kali o acompanhou em sua última viagem.

Descalça, como ele.

A bola como instrumento

Nas Copas do Mundo de 1934 e 1938, os jogadores da Itália e da Alemanha saudavam o público estendendo a palma da mão para o alto. *Vencer ou morrer*, ordenava Mussolini. *Ganhar um jogo internacional é mais importante, para as pessoas, que capturar uma cidade,* dizia Goebbels.

No Mundial de 70, a ditadura militar do Brasil tornou sua a glória da seleção de Pelé: *Ninguém segura este país,* proclamava a publicidade oficial.

No Mundial de 78, os militares argentinos celebraram seu triunfo, de braços dados com o infaltável Henry Kissinger, enquanto aviões atiravam prisioneiros vivos ao fundo do mar.

Em 1980, no Uruguai, a seleção local conquistou o chamado "Mundialito", um torneio entre campeões mundiais. A publicidade da ditadura vendeu a vitória como se os generais tivessem jogado. Mas foi então que a multidão se atreveu a gritar, pela primeira vez, depois de sete anos de silêncio obrigatório. O silêncio foi quebrado, as arquibancadas rugiram:

Vai acabar, vai acabar, a ditadura militar...

Papai vai ao estádio

Em Sevilha, durante um jogo de futebol, Sixto Martínez comenta comigo:
— Aqui existe um torcedor fanático que sempre traz o pai.
— Claro, é natural – digo. – Pai boleiro, filho boleiro.
Sixto tira os óculos, crava o olhar em mim:
— Este de quem estou falando vem com o pai morto.
E deixa as pálpebras caírem:
— Foi seu último desejo.
Domingo após domingo, o filho traz as cinzas do autor de seus dias e as põe sentadas ao seu lado na arquibancada.
O falecido tinha pedido:
— Me leva para ver o Betis da minha alma.
Às vezes o pai ia até o estádio numa garrafa de vidro.
Mas numa tarde os porteiros impediram a entrada da garrafa, proibida graças à violência nos estádios.
E a partir daquela tarde, o pai vai numa garrafa de papelão plastificado.

Os contos contam/2

Escrevi *Futebol ao sol e à sombra* para a conversão dos pagãos. Quis ajudar os fãs da leitura a perder o medo do futebol, e os fãs do futebol a perder o medo dos livros. Mas nunca imaginei nada mais.

No entanto, segundo Victor Quintana, que foi deputado federal no México, esse livro salvou a sua vida. Em meados de 1997, ele foi sequestrado por uns assassinos profissionais, contratados para castigar suas denúncias contra um montão de negociatas.

Ele já estava amarrado no chão, de bruços, e estava sendo morto a pontapés quando na última trégua, antes do tiro final, os assassinos se enroscaram numa discussão sobre futebol. Então Victor, mais morto que vivo, meteu a colher no debate. E começou a contar histórias desse livro, negociando minutos de vida por cada conto saído daquelas páginas, como Sherazade tinha trocado um conto por cada uma das mil e uma noites de vida.

E as horas e as histórias foram passando.

E no fim, os assassinos abandonaram Victor, amarrado e coberto de porradas, mas vivo.

Disseram a ele:

– Você é boa gente – e foram embora com suas balas.

Os contos contam/3

James Cantero, uruguaio como eu, jogador de futebol como eu queria ter sido, me escreveu uma carta em 2009.
    Eu não tinha ouvido falar dele.
    Ele me disse que tinha uma coisa para me dar.
    E me deu.
    Uma velha edição de *As veias*.
    Um capitão do exército de El Salvador tinha dado aquele livro de presente para ele, fazia já alguns anos.
    O livro tinha viajado meio mundo, acompanhando James e suas andanças do futebol.
    – Esse livro buscou você. Estava esperando por você – disse quando me entregou o livro.
    O livro estava atravessado por um tiro, ferido de morte: um furo na capa, outro na contracapa.
    O capitão tinha encontrado o livro na mochila de um guerrilheiro morto entre os muitos caídos na batalha de Chalatenango, no finzinho de 1984.
    Não havia nada mais na mochila.
    O capitão nunca soube por que pegou o livro, nem por que guardou. E James também não soube explicar, nem se explicar, por que carregou aquele livro com ele durante um quarto de século, de país em país.

A verdade é que com o tempo, e depois de muito andar, o livro chegou às minhas mãos.

E nas minhas mãos está.

É a única coisa que sobrou daquele garoto sem nome.

Este livro fuzilado é seu corpo.

Show business

Silêncio. Os sacerdotes consultam os deuses. Destripam um touro branco, leem suas entranhas. E de repente a música explode, o estádio uiva: sim, os deuses dizem que sim, eles também estão morrendo de vontade de que a festa comece de uma vez.

Os gladiadores, os que vão morrer, erguem suas armas na direção do palco do imperador. São escravos, ou delinquentes condenados à morte; mas alguns vêm das escolas onde são treinados, longamente, para uma breve vida profissional que durará até o dia em que o imperador aponte o chão com o polegar.

Os rostos dos gladiadores mais populares, pintados em camafeus, placas e escudinhos, são vendidos feito pão quente nas arquibancadas, enquanto a multidão enlouquece multiplicando apostas e gritando insultos e ovações.

A função pode durar vários dias. Os empresários privados cobram entrada, e a preços altos; mas às vezes os políticos oferecem, grátis, as matanças. Então as arquibancadas se cobrem de lenços e cartazes que exortam a votar no candidato amigo do povo, o único que cumpre o que promete.

Circo de areia, sopa de sangue. Um cristão chamado Telêmaco mereceu a santidade porque se atirou na arena e se interpôs entre dois gladiadores que estavam em pleno combate mortal. O público transformou-o em purê, crivando-o de pedras, por ter interrompido o espetáculo.

O jogo de bola

Hernan Cortez jogou uma bola no chão. E assim o imperador Carlos e seus numerosos cortesãos assistiram a um prodígio jamais visto: a bola quicou e voou pelos ares.

A Europa não conhecia essa bola mágica, mas no México e na América Central usava-se a borracha desde sempre, e o jogo de bola tinha mais de três mil anos de idade.

No jogo, cerimônia sagrada, combatiam os treze céus de cima contra os nove mundos de baixo, e a bola, saltadora, voadora, ia e vinha entre a luz e a escuridão.

A morte era a recompensa do triunfador. O que vencia morria. Ele se oferecia aos deuses, para que o sol não se apagasse no céu e continuasse chovendo a chuva sobre a terra.

Fundação do samba

Da mesma forma que o tango, o samba não era decente: *música barata, coisa de negro.*

Em 1917, no mesmo ano em que Gardel abriu a porta grande para que o tango entrasse, ocorreu a primeira explosão do samba no carnaval do Rio de Janeiro. Naquela noite, que durou anos, cantaram os mudos e dançaram os postes das esquinas.

Pouco depois, o samba viajou para Paris. E Paris enlouqueceu. Era irresistível aquela música onde se encontravam todas as músicas de uma nação prodigiosamente musical.

Mas para o governo brasileiro, que naquela época não aceitava negros na seleção nacional de futebol, aquela bênção europeia não caiu nada bem. Eram músicos negros os mais famosos, e corria-se o perigo de que a Europa pensasse que o Brasil ficava na África.

O mais músico daqueles músicos, Pixinguinha, mestre da flauta e do sax, havia criado um estilo inconfundível. Os franceses nunca tinham escutado nada igual. Mais do que tocar, brincava. E brincando convidava a brincar.

Rendição de Paris

Quando era um moleque descalço, que chutava bolas de meia em ruas sem nome, esfregava os joelhos e os tornozelos com gordura de lagartixa. Isso é o que ele dizia, e daí vinha a magia de suas pernas.

José Leandro Andrade era de falar pouco. Não festejava seus gols nem seus amores. Com o mesmo andar altivo, e ar ausente, levava a bola presa no pé, driblando rivais, e a mulher presa no corpo, dançando tango.

Nas Olimpíadas de 1924, deslumbrou Paris. O público delirou, a imprensa chamou-o de *A Maravilha Negra*. As damas brotavam da sua fama. Choviam cartas que ele não conseguia ler, escritas em papel perfumado por senhoras que mostravam os joelhos e de suas longas piteiras douradas sopravam fumaça em espiral.

Quando regressou ao Uruguai, trouxe quimono de seda, luvas amarelo-canário e um relógio que adornava seu pulso.

Durou pouco, tudo isso.

Naqueles tempos, o futebol era jogado a troco de vinho e comida e alegria.

Vendeu jornais nas ruas.

Vendeu suas medalhas.

Tinha sido a primeira estrela negra do futebol mundial.

Último desejo

La Coruña, verão de 1936: Bebel García morre fuzilado.
Bebel usa a esquerda para jogar e para pensar.
No estádio, veste a camiseta do Depor. Na saída do estádio, veste a camiseta da Juventude Socialista.
Onze dias depois do golpe de Franco, quando acaba de fazer 22 anos, enfrenta o pelotão de fuzilamento:
– Um momento – ordena.
E os soldados, galegos como ele, boleiros como ele, obedecem.
Então Bebel desabotoa a braguilha, lentamente, botão por botão, e cara a cara com o pelotão lança uma longa mijada.
Depois, abotoa a bragueta:
– Agora, sim.

Insolência

Nas Olimpíadas de 1936, o país natal de Hitler foi derrotado pela seleção peruana de futebol.

O juiz, que anulou três gols peruanos, fez o que pôde, e um pouco mais, para evitar aquele desgosto ao Führer, mas a Áustria perdeu por 4 a 2. No dia seguinte, as autoridades olímpicas e futeboleiras puseram as coisas em seu devido lugar.

O jogo foi anulado. Não porque a derrota ariana fosse inadmissível diante de uma linha de ataque que não por acaso era chamada de Rolo Negro, mas porque, segundo as autoridades, o público tinha invadido o campo antes do fim da partida.

O Peru abandonou as Olimpíadas e o país de Hitler conquistou o segundo lugar no torneio.

A Itália, Itália de Mussolini, ficou em primeiro.

Pelé/1

Dois clubes britânicos disputavam a última partida do campeonato. Não faltava muito para o apito final, e continuavam empatados, quando um jogador chocou-se com outro e caiu esparramado no chão.

A maca retirou-o do campo e num piscar de olhos a equipe médica inteira pôs mãos à obra, mas o desmaiado não reagia.

Passavam-se os minutos, os séculos, e o técnico estava engolindo o relógio com ponteiros e tudo. Já tinha feito as mudanças regulamentares. Seus rapazes, dez contra onze, se defendiam do jeito que dava, mas não era muito o que conseguiam.

A derrota estava na cara, quando de repente o médico correu até o técnico e anunciou, eufórico:

– Conseguimos! Está voltando a si!

E em voz baixa, acrescentou:

– Mas ele não sabe quem é.

O técnico se aproximou do jogador, que balbuciava incoerências enquanto tentava se levantar, e informou-lhe ao pé de ouvido:

– Você é Pelé.

Ganharam por 5 a 0.

Há anos escutei, em Londres, essa mentira que dizia a verdade.

Pelé/2

1958. Estocolmo

Resplandece o futebol brasileiro, que dança e faz dançar. No Campeonato Mundial da Suécia, se consagram Pelé e Garrincha, para desmentir quem diz que os negros não servem para jogar em clima frio.
   Pelé, magricela, quase menino, incha o peito, para impressionar, e ergue o queixo. Ele joga futebol como Deus jogaria, se Deus decidisse se dedicar seriamente ao assunto. Pelé marca encontro com a bola onde for e quando for e como for, e ela nunca falha. Para os altos ares ela é enviada: descreve uma ampla curva e volta para o pé dele, obediente, agradecida, ou talvez atada por um elástico invisível. Pelé a levanta, encolhe o peito, deixa-a rodar suavemente pelo corpo: sem que toque o chão vai mudando-a de perna enquanto se lança, corre-corre a caminho do gol. Não há quem consiga agarrá-lo, a laço ou no braço, até que ele deixe a bola pregada, branca, fulgurante, no fundo das redes.
   Dentro e fora do campo, se cuida. Jamais perde um minuto de seu tempo, nem deixa cair jamais uma moeda do bolso. Até pouco tempo, engraxava sapatos no cais do porto. Pelé nasceu para subir; e sabe disso.

Garrincha

1958. Estocolmo

Garrincha dribla derrubando rivais. Meia-volta, volta e meia. Faz que vai, e vem. Faz que vem, e vai. Os rivais se esborracham no chão, um atrás do outro, de bunda na grama, pernas para cima, como se Garrincha espalhasse cascas de banana. Quando enganou todos, incluindo o goleiro, senta em cima da bola, na linha do gol. Então, recua e começa tudo de novo. Os torcedores se divertem com suas diabruras, mas os dirigentes arrancam os cabelos: Garrincha joga para rir, não para ganhar, alegre pássaro de pernas tortas, e esquece o resultado. Ele ainda acredita que o futebol é uma festa, e não um emprego ou um negócio. Gosta de jogar a troco de nada ou de algumas cervejas, na praia ou nos campos de pelada.

Tem muitos filhos, próprios ou adotivos. Bebe e come como se fosse a última vez. Mão aberta, tudo dá, tudo perde. Garrincha nasceu para cair; e não sabe disso.

Pelé e os subúrbios de Pelé

[Montevidéu, 1963]

Segunda-feira, 21 horas

Nos salões do Colúmbia, um diplomata amigo sustenta a viva voz que esta entrevista vale muito a pena. Sem se alterar, dom José Ozores, o Pepe Gordo, gerente, administrador, anjo custódio, pai, irmão e agência de propaganda e relações públicas de Pelé, diz: "Já, já, já. As embaixadas. Ele é mais embaixador que todos os embaixadores juntos. Fala-se Dele em lugares onde nem mesmo se sabe onde fica o Brasil. E o que é que o Brasil dá a Ele? Impostos. É isso que dá". Quer dizer então que o senhor é o representante, digo. E ele me explica: "Vive comigo, come comigo, cuido dele, faço negócios para ele. É como se fosse meu filho". Abandona o português e passa para o espanhol, para que não haja lugar algum para dúvidas: "Sim, a revista *Life* também quis fazer uma entrevista nesse estilo aí, e de muitas páginas. Cobrei uns quantos dólares. Se admitem que um preto apareça na capa, apesar da discriminação racial, há de ser porque isso dá muito dinheiro a eles. Então, Ele tem direito de participar nesse lucro. Em qualquer país, uma revista com a cara Dele vende toneladas. Nas pesquisas de popularidade, Ele sempre está em primeiro lugar, em tudo que é canto. Depois aparecem Jacqueline Kennedy, Kruschev, De Gaulle e o resto". Enumero para ele 137 diferenças entre a revista *Life* e o semanário *Marcha*. "Está bem, está bem, está bem. Mas Ele está lá em cima, descansando. Não quer saber de nada. Sempre tantos jornalistas e fotógrafos; veja bem. Ele está cansado, preso ao seu nome. Encurralado pela glória. Edson Arantes só queria ser um homem como qualquer um, mas não deixam. Está condenado a ser Pelé, e por isso vai se aposentar do futebol". O diplomata cala e sorri. Sabe que Pelé não vai abandonar o futebol. Será Pelé até que não dê mais, até que os anos ou a hostilidade dos rivais o derrubem. Pelé: a pantera negra que oitenta milhões de brasileiros idolatram e que eletriza as arquibancadas do mundo inteiro. Um rapazote no cume de uma montanha de glória e dinheiro. Viro a cabeça e o vejo, entornando os olhos diante de um quadro de Vicente Martín, que certamente deve ter duplicado de valor a partir do instante em que Ele repousou ali o seu olhar. Eu me aproximo, e comigo uma nuvem de jornalistas. Explodem os fogos das câmaras. Desisto. Camnitzer tenta um desenho da Maravilha Negra, mas não consegue. Já na porta, ouço os protestos dos colegas enfurecidos. "É mais fácil entrevistar Jango Goulart que esse senhor aí!". Com Goulart, estive meia hora conversando tranquilamente na embaixada. Ou não foi? O diplomata amigo tenta suavizar os ânimos: "*Mas Jango é Jango. E Pelé é o maior líder da América...*".

Terça-feira, 9 horas

Café da manhã com o Pepe Gordo. "Como comem os uruguaios!", diz. "Nós, brasileiros..." "Brasileiros?" "Na verdade, eu nasci numa aldeia de Pontevedra, na Galícia espanhola. Mas já faz dez anos que estou em Santos." Conta que há quatro acompanha o Rei. "Desde os quinze anos, Ele joga futebol: gramado e bola, bola e gramado. Agora está com 23, mas não teve tempo para amadurecer." E acrescenta, paternal: "Precisa de alguém". "Alguém como o Pepe Gordo", sugiro. "Foi o Zito quem disse: Pepe é o homem certo. Zito é meu sócio numa empresa de construção; e desde que ele disse isso, estou com Ele." "Por que chamam ele de Pelé?" "Ninguém sabe. Sempre foi chamado de Pelé. Desde que era aquele menino magrinho e muito pobre que morava na concentração do Santos, fazendo mandados para os veteranos e lavando o chão." A história do descobrimento me interessa. De como Deus foi revelado aos homens. "Como um escravo do tempo dos negreiros", diz ele franzindo o cenho e os bigodes. "Um funcionário público de Bauru prestou atenção Nele. E disse ao presidente do Santos: 'Se você conseguir minha transferência para São Paulo, eu lhe trago uma verdadeira maravilha'. E trouxe o menino, contrariando a mãe, que não queria que Ele se dedicasse ao futebol. Ela sabia o que era isso, porque o pai Dele também foi jogador, em Bauru. Ela nunca quis um filho famoso. Continua sendo a mãe do Dico, o menino, o seu pequenino", diz; e abre as mãos: "A Mãe: uma Santa de altar, que sai caminhando". O repórter fica em silêncio. Alguém leva a bandeja com as xícaras vazias. Pepe Gordo insiste: "Como estou lhe dizendo.

Uma Santa". Dona Celeste, mãe do mineiro de Três Corações de fama universal, vê o filho só por alguma casualidade. As viagens a outros estados brasileiros e ao exterior ocupam sete, oito ou nove meses de cada ano, e nos meses restantes Pelé joga nos campos de São Paulo ou descansa, ao amparo do Pepe Gordo, que não o abandona nem ao sol nem à sombra. Jornalistas e admiradores chocam contra esta muralha vinda da Galícia, que sabe tudo sobre Ele, o que se pode saber e muito mais. Empresário, agente? "Amigo, pai, irmão." O Santos paga um salário a ele? Se indigna: "Não! Não sou empregado do Santos. Se o Santos fosse pagar, não haveria dinheiro que alcançasse. Não. Quem recebe dinheiro não é amigo. Eu disse ao garoto: O dia em que quiser me dar um só cruzeiro, bato em você".

Ele está dormindo no quarto ao lado. Não foi treinar esta manhã porque não se sentia bem. "Constipado", explica o Pepe Gordo. "Além do mais, Ele não precisa treinar." Pelé come pouco e dorme muito. Quando exagera na comida, tem pesadelos e fala dormindo. Por isso o Pepe Gordo não deixa Ele comer mais que "alguns sanduíches de carne e queijo e um ou dois copos de suco de frutas". Alvo de admiração universal, fator de euforia ou desdita para milhões e milhões de pessoas, Ele precisa ser cuidado. Talvez fosse fatal esquecer a lição de uma das divindades que o antecederam na história: Buda morreu de uma indigestão de carne de porco.

Terça-feira, 10h30

Saímos para percorrer o centro histórico de Montevidéu; as margens da cidade, que dão para o rio. Levo na mão um exemplar da revista *O Cruzeiro*, que, é claro, fala Dele. Comento o artigo com Pepe Gordo. Que aponta para uma foto: um inimigo vestido de negro. "Esse juiz é hermafrodita", explica.

A manhã arde com o sol. Apreciador de paisagens, como sou, olho e comento. Mas Pepe Gordo pergunta os preços das coisas: "Que caro, que caro". E fala, como sempre, da glória que tem nas mãos, porque é "Deus no Céu e Pelé na Terra". Duas vezes campeão do mundo, Ele tem aos seus pés o enorme aparelho da imprensa, da televisão, do rádio e do cinema no Brasil; é cortejado pelos políticos e acossado pelas marcas de café ou de automóveis ou de bebidas, porque Ele, seu nome ou sua assinatura ou sua cara vendem. A Atma, fábrica de material plástico, imprime as bolas de futebol que fabrica com um autógrafo de Pelé, e a venda é um êxito seguro; o livro *Eu sou Pelé* foi best-seller no Brasil e está sendo traduzido para o inglês: na Alemanha, a primeira edição, já esgotada, causou furor. Da segunda, o Pepe Gordo não receberá nada: "Não aceitei *royalty*. Cobrei um tanto de direitos, e adeus. Detesto complicações". Por sua vez, o argentino Christensen rodou um filme sobre o Grande Tema, "O Rei Pelé", que também acrescentou cruzeiros à alta montanha de milhões. Pelé e Pepe Gordo são sócios em várias firmas poderosas, e todas estas entradas são consideradas "complementares".

Penso em Baltazar, estrela já apagada, que hoje carrega sacos no porto de Santos. E penso em Garrincha, que, pelo que sei, caiu em desgraça. Comento isso. Pepe Gordo aponta a própria testa: "Pelé tem futebol e tem juízo", diz. "Garrincha, não." Detalhes sobre o caso: "Abandonou a mulher e as oito filhas. Essa artista foi a sua ruína." Digo que Elza Soares bem vale uma missa. Um equívoco se produz e o Pepe Gordo me responde que sim, que Ele vai à missa todos os domingos. Além disso, reza o rosário duas vezes por dia. Um bom católico. Um católico fervoroso, que gosta de obedecer aos mandamentos. Todos. "Ele não arruína uma moça virgem. Aí está a personalidade do garoto". Não fuma, não bebe, foge dos clubes noturnos. Adora crianças e velhos. "Ele é um filho. Que apareceu em casa. E é problema meu: não descansarei até ver Ele em um altar ou numa estátua como essa", diz, apontando para o monumento a Garibaldi.

Terça-feira, 12 horas

Chegaram reforços ao Colúmbia. Verdoux, Mansilla e Casimiro Rueda, em tropel. Apresentações. Subimos. Ele continua dormindo. Conversamos no quarto contíguo, de frente para o mar. "Fiquem à vontade", diz o Pepe Gordo, com os sapatos apoiados no beiral da janela. "Eu estava dizendo ao amigo aqui que Ele, se não tivesse nascido gente, teria nascido bola de futebol. O melhor jogador de futebol de todos os tempos." Não o contrario, me dá um sei lá o quê, mas o que ele estava dizendo, na verdade, é que Pelé é um prisioneiro do futebol, e que não é feliz.

Mansilla se larga com palavras exóticas. Diz que levando em conta o preço internacional do ouro fino de 24 quilates, que anda ao redor de um dólar e quinze centavos o grama, Pelé vale muito mais do que pesa, literalmente. Pepe Gordo não gosta de cálculos, e afirma: "Não há dinheiro nem ouro para pagar Pelé. Ele joga porque gosta de jogar. Não precisa disso". Claro que não faltaram ofertas: por ocasião da última turnê do Santos pela Europa, a Juventus de Turim ofereceu 800 milhões de cruzeiros, uns 800 mil dólares. Alguns diretores eram favoráveis à transferência, e Ele consultou o Pepe Gordo. "Disse a ele: 'Se você me prometer que nunca vai sair do Santos, farei com que paguem ainda mais na sua terra'. Depois, em 61, chegou uma oferta do Internacional de Milão: ofereciam um milhão de dólares para o clube, um milhão de dólares para ele e duzentos mil extras para que eu o convencesse, além dos salários que me ocorresse pedir. Informei o garoto, e Ele me perguntou: "E o nosso compromisso?". Mansilla se remexe no assento: "Quer dizer que o senhor estava disposto a fazer o negócio". Pepe Gordo dá um salto: "Não há dinheiro no mundo que compre a minha palavra. A maior parte dos jornalistas acha que eu estou explorando o nome e a fama de Pelé..." "Mas isso é uma barbaridade", corta Verdoux, cavalheiresco: "Meu colega não quis sugerir isso." "Pois aí é que está", diz Pepe Gordo. "O mundo, hoje, é mais materialista que espiritualista, e é difícil acreditar que alguém faz alguma coisa só por fazer. Antes, eu era livre; agora, não. Antes, eu vivia melhor, ia onde queria, era dono de mim. Mas esta nova tarefa é uma cruz: tenho 80 milhões de brasileiros que desconfiam de mim porque sou estrangeiro." E conta a história do Internacional de Milão. Veio o sr. Ricci, e Pepe Gordo, que pressentia o suborno, escondeu um gravador atrás da janela e enfiou um microfone na cortina. Depois divulgou, pelo rádio, a proposta indigna. Casimiro Rueda se põe sério:

– É que se Pelé fosse embora do Brasil, haveria uma revolução social.

– O senhor falou e disse, Ele não pode usar sua habilidade longe de onde foi colocado por Deus.

Mas Mansilla insiste. Revira os olhos dizendo que admira a devoção e a amizade de Pepe Gordo por Pelé, mas que as virtudes humanas são como fiapos de grama ao sol, tão frágeis e queimadiças. "O dinheiro não gruda na minha mão", insiste Pepe. "Ninguém me compra." E mergulham numa discussão que faz este repórter recordar aquele diálogo apócrifo entre Bernard Shaw e Samuel Goldwyn, no qual Shaw chegou à conclusão de que não podiam se entender porque para ele, Shaw, só interessava o dinheiro, e para Goldwyn tudo que interessava era a arte. Pepe Gordo dizendo que o dinheiro não havia salvado seu pai de uma úlcera no estômago, que não há dinheiro que pague o amor, que a condição humana não pode ser reduzida à condição material e que Pelé, Ele, o garoto, não é mera mercadoria. E Mansilla respondendo que ele não fosse injusto com o dinheiro, que pode ser um bom instrumento em mãos santas, que Von Braun e outros gênios trabalham por dinheiro e não pela democracia, dizendo:

– É humano.

– Pois é, é mau – responde Pepe Gordo. – É como o senhor diz.

Verdoux, enquanto isso, boceja com cara de cético, lá da sua poltrona.

Terça-feira, 14 horas

Ele, enfim, aparece. Sem altar: um felino não muito musculoso que me oferece um pêssego. "Os nossos são menores", diz, "não têm tanto suco assim." Ainda está com cara de sono, a voz tomada por um resfriado; fala pouco, num espanhol correto, e sorri com certa melancolia. "Mozart do futebol", disseram os europeus, deslumbrados pelo seu estilo rítmico e elegante em campo; no Rio de Janeiro, os ingressos são vendidos com meses de antecipação quando Ele vai jogar, e os jornais do Brasil inteiro se ocupam da sua pessoa em páginas editoriais; as trombetas anunciam Seu passo pelas capitais do mundo inteiro. Mas Ele não parece perceber: nem ofuscado nem acorrentado pela glória: suportando a glória e nada mais, porque assim são as coisas.

Pelé não é esse ser humano qualquer. Trata-se de um erro. Este garoto tímido que me fala de Dondinho, seu pai, como de um "jogador muito melhor que eu" não pode ser Pelé, embora este repórter saiba muito bem que foi apenas um jogador medíocre, e o garoto confessa que se persigna antes de cada partida "pedindo que não me machuquem", e depois de cada jogo "para agradecer"; não é Pelé esse rapaz de olhar ingênuo que não compreende por que, ao mesmo tempo, as pessoas o veneram e o odeiam.

"O desamparado não sou eu, nunca", diz. "Nos campos brasileiros, o outro sempre tem razão. O juiz ou o adversário." A hostilidade das arquibancadas piorou nos últimos tempos, principalmente no estádio do Pacaembu. Quando melhor joga, mais é vaiado, insultado e ofendido o mesmo público paulista que, quando Pelé veste a camiseta da seleção em outros estádios, reza pela sua alma. O Santos, um time que não é da capital do estado de São Paulo, ganhou vários campeonatos nacionais e internacionais, e Pelé é sua estrela de ouro puro: "Eu não mereço isso", se defende.

"Eu não inventei isso que andam dizendo por aí, que sou o melhor jogador do mundo. Eu não tenho nada a ver com isso. Acredite em mim, eu não sou mascarado. Acho que o melhor jogador do mundo ainda não nasceu. Teria que ser o melhor em cada posição: melhor goleiro, melhor zagueiro, melhor dianteiro". Digo a ele que demonstrou ser um magnífico goleiro, recentemente, e que já foi testado em quase todas as posições. Mexe a cabeça, ergue os ombros, me olha sem compreender por que me empenho tanto em acreditar que Pelé é Pelé.

Pergunto a ele se está enfeitiçado de verdade: uma vez, o público quis incendiar o ônibus onde ele estava, no fim de um jogo, aos gritos de "Bruxo! Bruxo!". O sorriso move seu rosto como se o seu rosto fosse de borracha. "Os italianos começaram com essa história", conta: "Começaram a dizer que eu tinha uma maquininha mágica e punha dentro dela as fotos das pessoas de quem eu não gostava, e essas pessoas morriam". E não é verdade? "Nããão", diz.

O que aconteceu com o Independiente em Buenos Aires? "Nós também não sabemos o que aconteceu." Mas cinco gols... "Coisas do futebol." Rolán não marcou duro demais? "Duro, sim, mas sem má intenção, hein?, ponha aí que foi sem má intenção". Não se sente, às vezes, encurralado em campo? Não sente que o jogador que tem à frente busca a fama às suas custas? Faz um trejeito: "Quando um jogador duro marca o Pelé, é o dobro de duro". Por isso crê em Deus? Porque tem medo? "Creio em Deus porque é uma fé. E porque Deus me protege". E do Peñarol, não tem medo? "Nos amistosos, o Santos sai para jogar e o time adversário sai para ganhar. É isso o que acontece. Não me arrisco nos amistosos. Quando vejo que pode acontecer alguma coisa comigo, não me arrisco."

Qual a pergunta mais boba que fizeram a Ele? "Ih... tantas... Muitas perguntas bobas. Se gosto de jogar futebol..." E gosta? Dá risada. "Quando eu era menino, queria ser piloto de avião." Que livro está lendo? Dizem que não gosta de ler. "Gosto, gosto sim, gosto. Principalmente livros didáticos; essa coisa de faroeste e tal, não. Agora estou lendo uns contos de Mariazinha e *Problemas entre pais e filhos*." Peço que mencione alguns dos últimos livros que leu. Pensa um instante, e enumera: "*Sobre o amor e a felicidade no casamento, O livro da natureza, Do fracasso ao êxito, Relações humanas*". E não são livros chatos? "Pepe Gordo compra para mim", diz, "ele compra livros para que eu leia." Pepe Gordo? "Sim, meu representante." Por que mora na casa dele? "Porque ele me entende. É estranho que logo um estrangeiro fosse me entender. Porque eu tenho um temperamento difícil, sabe?". Por isso ainda não se casou? "É muito cedo". Pergunto se não se casou com o futebol; diz: "O futebol era, antes, um amor. Agora é uma profissão". E em seguida dá marcha a ré: "Claro que também tem que existir amor, porque se não, não é possível". Não é possível o quê? "Jogar." Quer dizer então que não aceitaria ser vendido para um time estrangeiro. Vai vestir a camiseta do Santos até o fim. "Por enquanto, não pensei em ir embora. Depois, não sei."

E finalmente Pelé, o amigo de Jango Goulart, se larga com um simpático julgamento sobre Carlos Lacerda, em resposta à minha pergunta: "Conheço, sim, mas sem falar. Parece um homem que gosta do trabalho e que sabe o que quer". E politicamente? "Disso eu não entendo nada."

Pepe Gordo, que deixou Pelé sozinho durante tempo demais, reaparece às suas costas. "Já chega. Você tem que repousar", diz, "não deve se cansar." E Pelé, resignado, sobe, a passos lentos, rumo ao seu quarto. Muitas dezenas de milhares de espectadores pagaram ingressos caros para ver Pelé jogando contra o Peñarol, e Ele perdeu o direito de decepcionar seus adoradores e os curiosos e seus inimigos. Esse resfriado deve ser aniquilado antes do *match*, e será, sem dúvida. Para isso, Pepe Gordo está ali, com suas pastilhas de Redoxon na mão.

Terça-feira, 15 horas

Missão cumprida. Na saída do hotel, encontro alguns garotos chutando bola contra a parede do Columbia que dá para a rua Misiones. Suas vozes me perseguem: "Vem, vem", "Tua", "Dá-lhe, Pelé", "Deixa, deixa".

O sol fere meus olhos, mas uma brisa começou a soprar, soprinho vindo lá do rio.

Fotos: o escorpião

Londres, estádio de Wembley, outono de 1995.

A seleção colombiana de futebol desafia o venerável futebol inglês em seu templo maior, e René Higuita faz uma defesa jamais vista.

Um atacante inglês dispara um tiro fulminante. Com o corpo horizontal no ar, o goleiro deixa a bola passar e a devolve com os calcanhares, dobrando as pernas como um escorpião torce a cauda.

Vale a pena parar e olhar as fotos desse documento de identidade colombiana. Sua força de revelação não está na proeza esportiva, e sim no sorriso que atravessa a cara de Higuita, de orelha a orelha, enquanto comete seu sacrilégio imperdoável.

Fotos: punhos erguidos ao céu

Cidade do México, Estádio Olímpico, outubro de 1968.
A bandeira das listras e das estrelas ondula, triunfante, no mastro mais alto, enquanto vibram os acordes do hino dos Estados Unidos.

Os campeões olímpicos sobem ao pódio. E então, no momento culminante, Tommie Smith, medalha de ouro, e John Carlos, medalha de bronze, negros os dois, norte--americanos os dois, erguem seus punhos fechados, em luvas negras, contra o céu da noite.

O fotógrafo da *Life*, John Dominis, registra o acontecimento. Aqueles punhos erguidos, símbolos do movimento revolucionário Panteras Negras, denunciam ao mundo a humilhação racial nos Estados Unidos.

Tommie e John são imediatamente expulsos da Vila Olímpica. Nunca mais poderão participar de nenhuma competição esportiva. Os cavalos de corrida, os galos de briga e os atletas humanos não têm o direito de ser estraga-prazeres.

A esposa de Tommie se divorcia. A esposa de John se suicida.

De regresso ao seu país, ninguém dá trabalho a esses criadores de caso. John se arranja do jeito que dá e Tommie, que conquistou onze recordes mundiais, lava automóveis a troco de gorjetas.

Ali

Foi pena e chumbo. Lutando, dançava e demolia.

Em 1967, Muhammad Ali, nascido Cassius Clay, se negou a vestir a farda militar:

– Querem me mandar matar vietnamitas – disse. – Quem humilha os negros em meu país? Os vietnamitas? Eles nunca me fizeram nada.

Foi chamado de traidor da pátria. Foi ameaçado com a cadeia, foi proibido de continuar lutando boxe. Tiraram seu título de campeão mundial.

Esse castigo foi o seu troféu. Arrebatando-lhe a coroa, o consagraram rei.

Cinco anos depois, alguns estudantes universitários pediram a ele que recitasse alguma coisa. E ele inventou para eles o poema mais breve da literatura universal:

– *Me, we.*

Eu, nós.

Outro caso de amnésia

Um relatório médico determinou que o general Augusto Pinochet padecia de demência senil.

Por não estar em pleno juízo, não podia ser submetido a julgamento.

Pinochet atravessou sem se alterar trezentas acusações criminais e morreu sem sofrer uma só condenação. A democracia chilena tinha renascido obrigada a pagar suas dívidas e a esquecer seus crimes, e ele compartilhava a amnésia oficial.

Tinha matado, tinha torturado, mas dizia:

– Não fui eu. Além do mais, não lembro de nada. E se lembro, não fui eu.

No idioma internacional do futebol, ainda são chamados de Pinochet os times muito ruins, porque lotam estádios para torturar o público; mas não faltaram admiradores para o general. A avenida Onze de Setembro, em Santiago, não foi batizada assim em memória das vítimas do atentado terrorista que derrubou as torres em Nova York, mas em homenagem ao golpe de Estado terrorista que derrubou a democracia no Chile.

Em gesto de involuntária adesão, Pinochet morreu no Dia Internacional dos Direitos Humanos.

Naquela altura, já haviam sido descobertos mais de trinta milhões de dólares, roubados por ele, em 120 contas em vários bancos do mundo. Essa revelação tinha afetado, um pouquinho, seu prestígio. Não porque tivesse sido ladrão, mas porque foi um ladrão incompetente.

Perigo nas ruas

Faz mais de meio século que o Uruguai não ganha nenhum campeonato mundial de futebol, mas durante a ditadura militar conquistou outros torneios: foi o país que teve mais presos políticos e torturados, em proporção com a população.

Liberdade era o nome do presídio mais numeroso. E fazendo jus ao nome, fugiram as palavras presas. Através de suas grades escorreram os poemas que os presos escreveram em minúsculas folhas de papel de fumar. Como este:

Às vezes chove e te amo.
Às vezes sai o sol e te amo.
A prisão é às vezes.
Sempre te amo.

Só dele

Quando Michelangelo ficou sabendo da morte de Francesco, que era seu ajudante e muito mais, arrebentou a marteladas o mármore que estava esculpindo.

Pouco depois, escreveu que aquela morte *foi graça de Deus, mas para mim foi grave dano e infinita dor. A graça está no fato de que Francesco, que em vida me mantinha vivo, morrendo me ensinou a morrer sem pena. Mas eu o tive durante 26 anos... Agora não me resta outra coisa que uma infinita miséria. A maior parte de mim foi-se com ele.*

Michelangelo jaz em Florença, na igreja da Santa Croce.

Ele e seu inseparável Francesco costumavam sentar-se na escadaria dessa igreja, para desfrutar dos duelos em que na vasta praça se enfrentavam, aos pontapés e boladas, os jogadores do que agora chamamos de futebol.

Todos somos você

21 de junho

No ano de 2001, acabou sendo surpreendente o jogo de futebol entre os times de Treviso e de Gênova.
 Um jogador do Treviso, Akeem Omolade, africano da Nigéria, ouvia frequentes vaias e rugidos debochados e cançõezinhas racistas nos estádios italianos.
 Mas no dia de hoje, houve silêncio. Os outros dez jogadores do Treviso jogaram com as caras pintadas de negro.

A consagração do goleador

Em 1949, Giampiero Boniperti foi o goleador do campeonato italiano e sua estrela mais brilhante.

Pelo que dizem os dizeres, ele tinha nascido ao contrário, com um pezinho chutando o ar, e do berço viajou rumo à glória do futebol.

O clube Juventus pagava a ele uma vaca por cada gol.

Altri tempi.

O baú dos perdedores

Helena Villagra sonhou com um imenso baú.
 Ela abria esse baú com uma chave muito velha, e lá de dentro brotavam gols perdidos, pênaltis errados, times derrotados, e os gols perdidos entravam, a bola desviada corrigia seu rumo e os perdedores festejavam sua vitória. E aquele jogo pelo avesso não ia terminar nunca enquanto a bola continuasse voando, e o sonho, também.

Dia dos Desaparecidos

30 de agosto

Desaparecidos: os mortos sem tumba, as tumbas sem nome.
 E também:
 os bosques nativos,
 as estrelas na noite das cidades,
 o aroma das flores,
 o sabor das frutas,
 as cartas escritas à mão,
 os velhos cafés onde havia tempo para perder tempo,
 o futebol de rua,
 o direito a caminhar,
 o direito a respirar,
 os empregos seguros,
 as aposentadorias seguras,
 as casas sem grades,
 as portas sem fechadura,
 o senso comunitário
 e o bom senso.

Milagre!

24 de dezembro

Na noite de Natal de 1991, morreu a União Soviética e em seu altar nasceu o capitalismo russo.

A nova fé fez o milagre: por ela iluminados, os funcionários se fizeram empresários, os dirigentes do Partido Comunista mudaram de religião e passaram a ser ostentosos novos-ricos, que puseram a faixa de leilão no Estado e compraram a preço de banana tudo que era comprável em seu país e no mundo.

Nem os clubes de futebol se salvaram.

O jogo mais triste da história

21 de novembro

Em 1973, o Chile era um país prisioneiro da ditadura militar, e o Estádio Nacional tinha se transformado em campo de concentração e em câmara de torturas.

A seleção chilena ia disputar, contra a União Soviética, um jogo decisivo na fase classificatória do Mundial.

A ditadura de Pinochet decidiu que o jogo devia ser disputado no Estádio Nacional, fosse como fosse.

Os presos que o estádio prendia foram levados às pressas, e as máximas autoridades do futebol mundial inspecionaram o campo, a grama impecável, e deram sua bênção.

A seleção soviética se negou a jogar.

Compareceram dezoito mil entusiastas, que pagaram a entrada e ovacionaram o gol que Francisco Valdés meteu no arco vazio.

A seleção chilena jogou contra ninguém.

Se proíbe o jogo dos índios do Chile

1647. Santiago do Chile

O capitão-geral, dom Martín de Mujica, proclama por caixa e pendão a proibição do jogo da *chueca*, que os araucanos praticam, segundo a tradição, golpeando uma bola com paus de ponta encurvada, em campo rodeado de ramagens verdes.

Com cem chibatadas serão castigados os índios que não obedeçam; e com multa os demais, porque muito se difundiu a infame *chueca* entre a soldadesca *criolla*.

Diz a ordem do capitão-geral que se dita a proibição *para que se evitem pecados tão contra a honra de Deus Nosso Senhor* e porque correndo a bola os índios treinam para a guerra: *do jogo nascem alvoroços e assim depois corre a flecha entre eles.* É uma indecência, diz, que na *chueca* se juntem homens e mulheres quase nus, *vestidos apenas de plumas e peles nos quais fundamentam a ventura de ganhar.* No começo invocam os deuses para que a bola seja favorável às suas proezas e corridas e, no fim, todos abraçados, bebem mares de *chicha*.

O futebol

1889. Montevidéu

Está fazendo setenta anos, em Londres, a rainha Vitória. No rio da Prata, o fato é celebrado aos pontapés.

As seleções de Buenos Aires e Montevidéu disputam a bola, no campinho de La Blanqueada, ante o desdenhoso olhar da rainha. No centro do palco, entre as bandeiras, ergue-se o retrato da dona dos mares e boa parte das terras do mundo.

Buenos Aires ganha por 3 a 0. Não há mortos que lamentar, embora ainda não tenha sido inventado o pênalti e arrisca a vida quem se aproxima do gol inimigo. Para fazer um gol de pertinho, é preciso investir contra uma avalanche de pernas que descem feito machados; e cada partida é uma batalha que exige ossos de aço.

O futebol é jogo de ingleses. É praticado pelos funcionários da estrada de ferro, da companhia de gás e do Banco de Londres, e pelos marinheiros de passagem; mas já uns *criollos*, infiltrados entre os artilheiros de loiros bigodões, estão demonstrando que a malícia pode ser uma arma eficaz para fuzilar goleiros.

Pó de arroz

1921. Rio de Janeiro

O presidente Epitácio Pessoa faz uma recomendação aos dirigentes do futebol brasileiro. Por razões de prestígio pátrio, sugere que não enviem nenhum jogador de pele escura ao próximo Campeonato Sul-Americano.

Entretanto, o Brasil foi campeão do último Sul-Americano graças ao mulato Artur Friedenreich, que meteu o gol da vitória; e suas chuteiras, sujas de barro, são exibidas desde então na vitrina de uma joalheria. Friedenreich, nascido de alemão e negra, é o melhor jogador brasileiro. É sempre o último a entrar em campo. Leva pelo menos meia hora passando a ferro a cabeleira no vestiário; e depois, durante o jogo, não tem um fiozinho que saia do lugar, nem quando ele cabeceia a bola.

O futebol, diversão elegante para depois da missa, é coisa de brancos.

– Pó de arroz! Pó de arroz! – grita a torcida contra Carlos Alberto, outro jogador mulato, o único mulato do Fluminense, que com pó de arroz branqueia a cara.

Esopo

Lilian Thuram, bisneto de escravos na ilha Guadalupe, perguntou ao seu filho menor:

— E Deus, como é?

O menino respondeu sem titubear:

— Deus é branco.

Thuram era um grande jogador de futebol, campeão da Europa e campeão do mundo, mas aquela resposta mudou sua vida.

A partir daquele dia, decidiu sair dos campos para dedicar suas melhores energias a ajudar no resgate da dignidade dos negros no mundo.

Denunciou o racismo no futebol e na educação, que esvazia de passado os meninos que não são filhos dos amos.

A memória coletiva era um descobrimento incessante, que abria seus olhos. O caminho da revelação do oculto era feito de muitas dúvidas e poucas certezas, mas ele não desanimava. Baseado em remotas investigações demonstrou que Esopo pode ter sido negro, escravo em Núbia, e recordou que houve faraós negros no Egito e que centenas de santuários populares no Congo celebram a Virgem negra, embora a Igreja dissesse que negra não era: a Virgem tinha ficado daquele jeito por culpa da fumaça dos incensos e dos pecados dos infiéis.

Che/1

Inteligente e múltiplo, com um poder de sedução nato que sua vida não faria mais que confirmar e alimentar, o jovem Ernesto Guevara não era um grã-fino ressentido mas um jovem aberto à aventura, sem ideias políticas claras e com uma evidente tendência a demonstrar a si mesmo que *podia fazer tudo que não podia*: os ataques contínuos de asma, que durante tantos anos obrigaram seu pai a dormir sentado à sua cabeceira para que o filho pudesse passar a noite recostado em seu peito, não o impediam de jogar futebol e rúgbi, embora ao final das partidas muitas vezes seus companheiros tivessem que levá-lo nas costas. A asma impediu que ele continuasse a ir à escola a partir do quarto ano, mas ele deu um jeito de fazer os exames por conta própria e alcançar, mais tarde, excelentes resultados no secundário. A guerra contra a asma foi a primeira guerra que Che guerreou e ganhou: ganhou na medida em que nunca permitiu que a asma decidisse por ele.

Che/2

"Traidor", eu disse a ele, "o senhor é um traidor." Mostrei uma página recortada de um jornal cubano: ele aparecia vestido de *pitcher*, jogando beisebol. Lembro que ele riu, rimos; se me respondeu alguma coisa, não sei. A conversa ia saltitando, feito bolinha de pingue-pongue, de um tema a outro, de um país a outro, de uma a outra lembrança, saudades da terra dele a experiências da revolução, brincadeiras: "O que acontece com a minha mão?" "Está maldita" "Maldita?" "Claro que sim: sua mão cumprimentou Frondizi, e Frondizi caiu; cumprimentou Jânio Quadros, e aconteceu a mesma coisa com ele. Ainda bem que eu não tenho de onde cair", eu comentava, fazendo cara de preocupado, e ele ria, franzia as sobrancelhas, sentava, levantava, caminhava pela sala, deixava cair a cinza do seu charuto Cazador e me apontava, com ele, o peito. Com espírito discutidor e nada professoral, recorria, às vezes, a um quadro negro para explicar uma ideia mais complexa, rabiscando com um pedaço de giz: a polêmica ao redor do cálculo econômico e a vigência ou a caducidade da lei do valor na sociedade socialista, ou o sistema de retribuição pelas normas de produção. Era cáustico feito um rio-platense, agressivo e, ao mesmo tempo, fervoroso como um cubano, sincero: generoso com sua verdade, mas em guarda, disposto a mostrar os dentes por ela. Uma força profunda e bela nascia nele, sem cessar, lá de dentro; se delatava, como todos, pelos olhos. Tinha, lembro bem, um olhar puro, limpo, como recém-amanhecido: essa maneira de olhar dos homens que acreditam.

A última cambalhota
do aviador Barrientos

1969. Quebrada de Arque

O cardeal Maurer diz que o presidente Barrientos é como São Paulo, porque percorre os campos da Bolívia distribuindo verdades, mas Barrientos também distribui dinheiro e bolas de futebol. Por todo lado vai e vem, regando notas, de helicóptero. A Gulf Oil deu o helicóptero de presente para Barrientos, a troco dos dois bilhões de dólares em gás e um bilhão de dólares em petróleo que ele deu de presente à Gulf Oil.

Neste helicóptero, Barrientos passeou pelos céus da Bolívia o corpo de Che Guevara, amarrado no trem de aterrissagem. Neste helicóptero Barrientos chega à quebrada de Arque, numa de suas turnês incessantes, e como de costume atira dinheiro sobre os camponeses; mas ao ir embora tropeça num arame, se estatela contra as rochas e se queima vivo. Depois de ter incendiado tantos quadros e livros, o fogoso Barrientos morre feito torresmo neste helicóptero repleto até o teto de notas que ardem com ele.

Dois turbulentos jogos

1969. San Salvador e Tegucigalpa

Dois turbulentos jogos de futebol são disputados entre Honduras e El Salvador. As ambulâncias levam mortos e feridos das arquibancadas enquanto os torcedores continuam nas ruas as brigas do estádio.

Imediatamente os dois países rompem relações. Em Tegucigalpa, os para-brisas dos carros exibem decalques que aconselham: *Hondurenho, apanhe um lenho e mate um salvadorenho.* Em San Salvador, os jornais exortam o exército a invadir Honduras *para dar uma lição nestes bárbaros.* Honduras expulsa os camponeses salvadorenhos, embora muitos deles nem saibam que são estrangeiros e jamais tenham visto um documento de identidade. O governo de Honduras chama Reforma Agrária a remoção dos salvadorenhos, obrigados a emigrar com a roupa do corpo, e o incêndio de seus ranchos. O governo de El Salvador considera espiões todos os hondurenhos que vivem ali.

A guerra não demora a começar. O exército de El Salvador entra em Honduras e avança metralhando as aldeias fronteiriças.

A chamada guerra do futebol

1969. San Salvador e Tegucigalpa

A chamada guerra do futebol tem como inimigos dois pedaços da América Central, fiapos da que foi, há um século e meio, pátria única.

Honduras, pequeno país agrário, é dominado pelos latifundiários.

El Salvador, pequeno país agrário, é dominado pelos latifundiários.

O povo camponês de Honduras não tem terra nem trabalho.

O povo camponês de El Salvador não tem terra nem trabalho.

Em Honduras existe uma ditadura militar nascida de um golpe de Estado.

Em El Salvador existe uma ditadura militar nascida de um golpe de Estado.

O general que governa Honduras foi formado na Escola das Américas, no Panamá.

O general que governa El Salvador foi formado na Escola das Américas, no Panamá.

Dos Estados Unidos vieram as armas e os assessores do ditador de Honduras.

Dos Estados Unidos vieram as armas e os assessores do ditador de El Salvador.

O ditador de Honduras acusa o ditador de El Salvador de ser um comunista a serviço de Fidel Castro.

O ditador de El Salvador acusa o ditador de Honduras de ser um comunista a serviço de Fidel Castro.

A guerra dura uma semana. Enquanto dura a guerra, o povo de Honduras acredita que o inimigo é o povo de El Salvador e o povo de El Salvador acredita que o inimigo é o povo de Honduras. Os dois povos deixam quatro mil mortos nos campos de batalha.

Oito

Alguns dias antes da final da Copa das Américas, escutei a animada conversa de um grupo de carteiros. Estávamos no mesmo ônibus; eles, com seus alforjes repletos de correspondência. Acontece que um dos carteiros tinha apostado uns tantos pesos na loteria. Dizia que o sonho que tinha tido não podia falhar: "Se ganhamos o prêmio acumulado com o 27", dizia, pluralizando generosamente, "vamos carregar uma sacola de pesos, e então... então...". Os olhos de todos eles brilhavam, enquanto imaginavam o que fariam com tanto dinheiro. No fim, um deles teve uma ideia concreta: a ideia foi festejada por unanimidade como um tremendo achado: "Já sei", disse ele. "A gente pega e devolve o dinheiro a todo mundo que tenha comprado entradas para o jogo e fazemos o Nacional e o Racing jogar só para nós quatro."

O acumulado não saiu para o 27, o Nacional perdeu o jogo decisivo em Santiago do Chile. Para culminar, naqueles dias os carteiros, encurralados pela miséria, não tiveram outro remédio a não ser declarar uma greve, e foram substituídos pelo exército e pela polícia. Penso, agora, naquela ingênua miragem de poder dos carteiros, que por uns segundos sonharam ser donos do mundo (e o mundo não era mais do que um campo de futebol), porque tenho a impressão de que nós, uruguaios, também estamos perdendo nosso último motivo de orgulho, a certeza nacional que nos restava: até o futebol está nos traindo.

Nomes

O maratonista Doroteo Guamuch, índio quíchua, foi o atleta mais importante de toda a história da Guatemala. Por ser uma glória nacional, teve de abrir mão do nome maia e passou a chamar-se Mateo Flores.

Em homenagem às suas proezas, foi batizado com o nome de Mateo Flores o maior estádio de futebol do país, enquanto ele ganhava a vida como *caddy*, carregando tacos e recolhendo bolinhas nos campos do Mayan Golf Club.

Preços

Em 1993, o minúsculo Partido da Social Democracia Brasileira não tinha o número de deputados de que necessitava para apresentar-se às eleições presidenciais. Por um preço que oscilou entre trinta e cinquenta mil dólares, o PSDB obteve o passe de alguns deputados de outros partidos. Um deles admitiu e, de resto, explicou:

– *É o que fazem os jogadores de futebol, quando mudam de time.*

Quatro anos depois a cotação havia subido em Brasília. Dois deputados venderam por duzentos mil dólares seus votos para a emenda constitucional que tornaria possível a reeleição do presidente Fernando Henrique Cardoso.

De pernas pro ar

O campeonato mundial de futebol de 1998 nos confirmou, entre outras coisas, que o cartão MasterCard tonifica os músculos, que a Coca-Cola possibilita eterna juventude e que o cardápio do McDonald's não pode faltar no estômago de um bom atleta. O imenso exército de McDonald's dispara hambúrgueres às bocas das crianças e dos adultos do planeta inteiro. O duplo arco desse M serviu de estandarte durante a recente conquista dos países do leste da Europa. As filas diante do McDonald's de Moscou, inaugurado em 1990 com o estardalhaço de bumbos e pratos, simbolizaram a vitória do Ocidente com tanta eloquência quanto a queda do Muro de Berlim.

O futebol global

Em sua forma atual, o futebol nasceu há mais de um século. Nasceu falando inglês e inglês ainda fala, mas agora o que se ouve é a exaltação do valor de um bom *sponsor* e as virtudes do *marketing*, com o mesmo fervor com que antes se exaltava o valor de um bom *forward* e as virtudes do *dribbling*.

Os campeonatos recebem o nome de quem paga. O campeonato argentino se chama Pepsi-Cola. Chama-se Coca-Cola o campeonato mundial de futebol juvenil. O torneio intercontinental de clubes se chama Copa Toyota.

Para o torcedor do esporte mais popular do mundo, para o apaixonado da mais universal das paixões, a camiseta do clube é um manto sagrado, uma segunda pele, o outro peito. A camiseta, no entanto, transformou-se num cartaz publicitário ambulante. Em 1998, os jogadores do Rapid de Viena exibiam quatro letreiros: na camiseta, publicidade de um banco, de uma empresa comercial e de uma marca de automóvel; nos calções, de um cartão de crédito. Quando River Plate e Boca Juniors disputam, em Buenos Aires, o clássico do futebol argentino, Quilmes joga contra Quilmes: as duas equipes exibem, em suas camisetas, a marca da mesma cerveja nacional. Em plena globalização, o River também joga para a Adidas, o Boca para a Nike. Poder-se-ia dizer que a Adidas venceu a Nike quando a França derrotou o Brasil na final do Mundial de 1998.

No futebol, como na política, o medo não compensa

Nosso país mostrou, na Copa do México (86), o futebol mais conservador de toda a sua história. Este Uruguai que destina a gastos da repressão quarenta por cento do orçamento nacional mostrou um futebol reprimido e repressivo. Esse futebol conservador, pura defesa, nada de ataque, se propunha a arrebentar o jogo e não se envergonhava de ser incapaz de criar jogo. A seleção de Borrás não jogou para desfrutar, para sentir o prazer do jogo e transmitir esse prazer para a torcida, mas tampouco jogou para ganhar: o inimigo do risco tanto como da alegria jogou para não perder. O resultado, paradoxal, irônico castigo, está à vista: levamos a pior goleada da nossa história nas copas. O medo do papelão acabou no mais espetacular dos papelões.

Oferecemos o futebol mais feio do campeonato mundial. Também por isso, e não apenas pela injusta campanha da imprensa, tivemos o público mexicano contra nós, e demos ao mundo inteiro uma impressão tão pobre. Os jogadores jogaram sem vontade, sem acreditar no que faziam: confundiram a paixão com as patadas, e foram raras as vezes em que passaram do meio do campo. Nossos atacantes viam a goleira inimiga de binóculos.

O futebol é a metáfora de todo o resto. Este é o futebol do Uruguai oficial, programado para a impotência, sem imaginação nem coragem, que confunde justiça com vingança e que considera ameaça terrorista qualquer projeto de transformação que de verdade transmita alento de vida. O Uruguai oficial, o Uruguai quieto, que segundo as cifras oficiais expulsa 54 rapazes por dia, porque é incapaz de oferecer trabalho a eles e também porque, aqui, ser jovem é um delito: o penoso espetáculo que demos no Mundial do México reflete em implacável espelho a realidade desse sistema envelhecido, estéril, especializado há anos em asfixiar qualquer manifestação de energia criadora.

Nos anos da ditadura, anos de sangrenta castração da fecundidade nacional, o Uruguai teve ao centro um quartel. Ao redor, um montão de bancos com plena liberdade de especular, e de cujos lucros não vimos um vintém, mas cujos prejuízos estamos todos pagando. Além disso, os latifúndios estéreis e as belas praias que Deus nos deu. Ou seja: o Uruguai era uma caixa-forte muito custodiada, rodeada por umas poucas vacas e com vista para o mar. A população, presa em cárceres visíveis ou invisíveis, condenada a viver mal na busca do dia a dia, da aposentadoria ou do lixo, emigrava quando podia.

Agora, na democracia, de verdade mudaram estas trincheiras que nos negam? E se não mudaram de verdade, será que estamos condenados a elas? Desde quando a audácia é pecado nesta terra de livres?

O futebol ou antifutebol que fizemos no México, dirigidos por um coronel e por um professor de cassetete, não é o futebol uruguaio. É o Uruguai oficial, o Uruguai do medo, que não tem nada a dizer. Isso não significa que o nosso país seja mudo.

Vendem-se pernas

Para Ángel Ruocco

Até o Papa de Roma suspendeu suas viagens durante um mês. Durante um mês, enquanto dure a Copa da Itália, eu também estarei fechado por motivo de futebol, da mesma forma que muitos outros milhões de simples mortais.
    Não há nada de estranho nisso. Como todos os uruguaios, quando menino quis ser jogador de futebol. Graças à minha absoluta falta de talento, não tive outro remédio que não fosse virar escritor. E oxalá eu pudesse, em algum impossível dia de glória, escrever com a coragem de Obdulio, a graça de Garrincha, a beleza de Pelé e a capacidade invasora de Maradona.
    Em meu país, o futebol é a única religião sem ateus; e sei que também a professam, em segredo, escondidos, quando ninguém os vê, os raros uruguaios que desprezam publicamente o futebol, ou o acusam de tudo. A fúria dos fiscais mascara um amor inconfessável. O futebol tem a culpa, a culpa inteira, e se o futebol não existisse, certamente os pobres fariam a revolução social e todos os analfabetos seriam doutores; mas, no fundo de sua alma, todo uruguaio que se respeite acaba sucumbindo, cedo ou tarde, à irresistível tentação do ópio dos povos.

E que a verdade seja dita: este belo espetáculo, esta festa dos olhos, é também um negócio porco. Não há droga que mova fortunas tão imensas nos quatro pontos cardeais do mundo. Um bom jogador é mercadoria muito valiosa, cotizada e comprada e vendida e emprestada, segundo a lei do mercado e a vontade dos mercadores.

Lei do mercado, lei do êxito. Há cada vez menos espaço para a improvisação e a espontaneidade criadora. Importa o resultado, cada vez mais, e cada vez menos a arte, e o resultado é inimigo do risco e da aventura. Joga-se para ganhar, ou para não perder, e não para desfrutar a alegria e dar alegria. Ano atrás de ano, o futebol vai esfriando; e a água nas veias garante a eficácia. A paixão de jogar por jogar, a liberdade de se divertir e divertir, a diabrura inútil e genial, vão se transformando em temas de evocação nostálgica.

O futebol sul-americano, o que ainda mais comete esses pecados de lesa-eficiência, parece condenado pelas regras universais do cálculo econômico. Lei do mercado, lei do mais forte. Na organização desigual do mundo, o futebol sul-americano é uma indústria de exportação: produz para os outros. Nossa região cumpre a função de servente do mercado internacional. *No futebol, como em todo o resto, nossos países perderam o direito de se desenvolver para dentro.* Basta ver as seleções da Argentina, do Brasil e do Uruguai neste mundial de 90. Os jogadores se conhecem no avião. Somente um terço joga em seu próprio país; os dois terços restantes emigraram e pertencem, quase todos, a times europeus. O Sul não vende apenas braços, mas também pernas, pernas de ouro, aos grandes centros estrangeiros da sociedade de consumo; e, no final das contas, os bons jogadores são os únicos imigrantes que a Europa acolhe sem tormentos burocráticos nem fobias racistas.

Parece que muito em breve mudará a regulamentação internacional. Os clubes europeus poderiam, daqui a pouco, contratar quatro, talvez cinco, jogadores estrangeiros. Nesse caso, me pergunto o que será do futebol sul-americano. Não vão sobrar nem os massagistas.

Nesses tempos de tanta dúvida, continuo acreditando que a terra é redonda por mais que se pareça à bola que gira, magicamente, sobre a grama dos estádios. Mas também o futebol demonstra que esta terra não é lá tão redonda assim.

De futebol somos feitos

[Mundial Itália 90]

Ninguém trabalhou? Ninguém respirou. A segunda-feira freou o voo das moscas, o amor dos amantes, a luta de classes e todo o resto.

Não há país mais futebolizado que o nosso. Embora tenha menos habitantes que a própria cidade de Roma e sua escassa população cresça pouco ou nada, o Uruguai continua gerando, em proporção, a maior quantidade de praticantes e teóricos de futebol no mundo inteiro. O país produz um assombroso número de jogadores habilidosos, torcedores fanáticos e sisudos ideólogos. Os jogadores vão embora, porque aqui dentro não há quem os pague. Os torcedores e os ideólogos ficam, porque lá fora não há quem os compre.

No jogo contra a Itália, nós, torcedores, apostamos num milagre. Os sábios, também. Tendo em vista a vergonhosa atuação da nossa seleção nos jogos anteriores, nem os eruditos conseguiram encontrar outra razão ou fonte de fé para acreditar na vitória: a seleção que pior se classificou enfrentava a que melhor se classificou, e que além do mais é dona da casa e brilhante favorita nesse mundial.

Mas o milagre era impossível. Os uruguaios, ateus por tradição e convicção, temos um santo que nos escuta. Mas São Cone estava surdo, ou se fazia de surdo. Ele é italiano e na hora de escolher não esqueceu o berço, embora tenha vindo viver na uruguaia comarca de Florida.

Não havendo nenhum outro santo milagreiro digno de confiança, ou ao menos disponível, nos encomendamos à garra nacional. A garra nacional invoca a coragem e a fúria dos nossos índios, exterminados há um século e meio, e atribui estas virtudes ao nosso futebol, que levava 26 anos sem ganhar um jogo numa Copa do Mundo até nosso triunfo de agonia contra a Coreia. A garra nacional apareceu naquele último minuto, no disparo de Daniel Fonseca, mas muito mais garra nacional tinham demonstrado, até aquele momento, os garotos de Camarões, que surpreenderam o mundo, ou os da Colômbia, em seu digníssimo jogo contra a Alemanha, ou o prodigioso Maradona, que venceu o Brasil com um calcanhar tão inflamado que o pé não cabia na chuteira.

Estávamos entre o fervor e o pânico. "Sozinhos contra todos", deu um jornal de Montevidéu como manchete. E um jornalista contou, lá da Itália: "Não dão dois vinténs por nós". E outro: "Dizem que entramos na Copa pela porta dos fundos". O jornaleiro do bairro se indignou, na segunda-feira de manhãzinha: "Uruguai velho e peludo!", gritou. E, por baixo, sussurrou para mim: "Com esta seleção a gente não ganha nem de um time misto das classes passivas". Era muita a desgraça, e no entanto dava para ver que o jornaleiro queria acreditar no que gritava e não queria acreditar no que sussurrava. E eu também, eu tampouco.

E o milagre não aconteceu. E a alma de todos nós, uruguaios, despencou no chão. Somos feitos de futebol; e neste país castigado pela fome e pelo inverno, ficamos sem fé nem chimarrão de ontem, despidos e sem milagre.

A Itália mereceu ganhar e o Uruguai perdeu dignamente. A Itália não foi nenhuma maravilha, mas foi mais; e o Uruguai, que jogou com pouca força e nenhuma beleza nem magia, não soube, não pôde, chegar à goleira invicta de Zenga.

E no final das contas, no futebol, como em tudo, a justiça é melhor que os milagres, mesmo quando ela nos dói.

A Copa do Mundo de 98

Índia e Paquistão realizavam o sonho da bomba própria, querendo introduzir-se, muito à vontade, no exclusivo clube nuclear das grandes potências. As bolsas de valores asiáticas jaziam por terra e na Indonésia despencava a longa ditadura de Suharto, que perdia o poder, mas não perdia os dezesseis bilhões de dólares que o poder lhe outorgara.

O mundo se calava de Frank Sinatra, chamado *A Voz*. Onze países europeus chegavam a um acordo para pôr em circulação uma moeda única, chamada euro. Fontes bem-informadas de Miami anunciavam a queda iminente de Fidel Castro, que ia despencar em questão de horas.

João Havelange abandonava o trono do futebol mundial e em seu lugar se instalava o delfim, Joseph Blatter, cortesão-mor do reino. Na Argentina, ia para a prisão o general Videla – que vinte anos antes havia inaugurado, junto com Havelange, o campeonato mundial de futebol –, enquanto um novo campeonato começava na França.

Apesar da greve da Air France, que complicou bastante as coisas, 32 seleções acorreram ao flamante estádio de Saint-Denis para disputar o último mundial do século: quinze equipes da Europa, oito da América, cinco da África, duas do Oriente Médio e duas da Ásia.

Clamores de triunfo, sussurros de velório: ao cabo de um mês de combates em estádios repletos, França, o anfitrião, e Brasil, o favorito, cruzaram espadas na final. O Brasil perdeu por 3 x 0. O croata Suker encabeçou a tabela dos goleadores, com seis tentos, seguido de Batistuta, da Argentina, e Vieri, da Itália, ambos com cinco.

Segundo um estudo científico publicado na época pelo *Daily Telegraph*, de Londres, durante as partidas os torcedores secretam quase tanta testosterona quanto os jogadores. Mas é preciso reconhecer que as empresas multinacionais também suam a camisa como se fosse camiseta. O Brasil não pôde ser pentacampeão. A Adidas, sim. Desde a Copa de 54, que a Adidas ganhou com a Alemanha, esta foi a quinta consagração das seleções que representam a marca das três barras. A Adidas levantou, com a França, o troféu mundial de ouro maciço; e conquistou, com Zinédine Zidane, o prêmio de melhor jogador. A empresa rival, a Nike, teve de se conformar com o segundo e o quarto lugares, obtidos pelas seleções do Brasil e da Holanda; e Ronaldo, a estrela da Nike, chegou doente à partida final. Uma empresa menor, a Lotto, fez a zebra com a surpreendente Croácia, que nunca participara de uma Copa do Mundo e, contra todos os prognósticos, entrou em terceiro.

Depois, a grama de Saint-Denis foi vendida em tabletes, como ocorrera no mundial anterior com o estádio de Los Angeles. O autor deste livro não vende leivas de grama, mas gostaria de oferecer, grátis, alguns tabletes de futebol que também têm algo a ver com aquele campeonato.

Estrelas

Os mais famosos jogadores de futebol são produtos que vendem produtos. Ao tempo de Pelé, o jogador jogava; e isso era tudo, ou quase tudo. Ao tempo de Maradona, já em pleno apogeu da televisão e da publicidade massiva, as coisas haviam mudado. Maradona ganhou muito, e muito pagou: ganhou com as pernas, pagou com a alma.

Aos catorze anos, Ronaldo era um mulato pobre da periferia do Rio de Janeiro. Tinha dentes de coelho e pernas de grande goleador, mas não podia jogar no Flamengo porque o dinheiro não dava para o ônibus. Aos 22 anos, Ronaldo já faturava mil dólares por hora, incluídas as horas em que dormia. Acabrunhado pelo fervor popular e pela pressão da dinheirama, obrigado a brilhar sempre e a ganhar sempre, Ronaldo sofreu uma crise nervosa, com violentas convulsões, horas antes da definição do Mundial de 98. Dizem que a Nike o escalou à força na partida contra a França. O fato é que jogou e não jogou; e não pôde exibir como devia as virtudes do novo modelo de chuteiras, o R-9, que pelos seus pés a Nike estava lançando no mercado.

Preços

No fim do século, os jornalistas especializados falam cada vez menos no talento dos jogadores e cada vez mais em suas cotações. Os dirigentes, os empresários, os procuradores e demais cortadores do bacalhau ocupam um espaço crescente nas crônicas futeboleiras. Até algum tempo atrás, os *passes* se referiam à viagem da bola de um jogador para outro; agora, os *passes* aludem, antes, à viagem do jogador de um clube para outro ou de um país para outro. Quanto estão rendendo os famosos em relação ao investimento? Os especialistas nos bombardeiam com o vocabulário da época: oferta, compra, opção de compra, venda, cessão por empréstimo, valorização, desvalorização. No Mundial de 98, as telas da TV universal foram invadidas e arrebatadas pela emoção coletiva, a mais coletiva das emoções; mas também foram vitrinas da exibição mercantil. Houve altas e baixas na bolsa das pernas.

Pé de obra

Joseph Blatter, novo monarca do futebol, concedeu uma entrevista à revista brasileira *Placar*, em fins de 95, quando ainda era o braço direito de Havelange. O jornalista perguntou sua opinião sobre o sindicato internacional de jogadores, que estava a se formar.

– A FIFA não fala com jogadores – respondeu Blatter. – Os jogadores são empregados dos clubes.

Enquanto esse burocrata ostentava seu desprezo, surgia uma boa notícia para os atletas e para todos os que acreditamos na liberdade de trabalho e nos direitos humanos. A Suprema Corte de Luxemburgo, a mais alta autoridade judiciária da Europa, pronunciou-se a favor da demanda do futebolista belga Jean-Marc Bosman, e em sua sentença estabeleceu que os jogadores europeus tornam-se livres quando vencidos os contratos que os ligam aos clubes.

Posteriormente, a chamada Lei Pelé, promulgada no Brasil, foi também um passo importante para a quebra dos laços de servidão feudal: em muitos países, os jogadores integram o patrimônio dos clubes, que na maioria dos casos são empresas disfarçadas de "entidades sem fins lucrativos".

Às vésperas do Mundial de 98, o diretor técnico Pacho Maturana opinou:

– Ninguém leva em conta os jogadores.

E esta continua sendo uma verdade grande como uma casa e vasta como o mundo, embora se esteja a conquistar, por fim, a liberdade de contratação. Quanto mais alto é o nível profissional do futebol, para os jogadores mais se multiplicam seus deveres, sempre mais numerosos do que seus direitos: a aceitação das decisões alheias, a disciplina militar, os treinamentos extenuantes, as viagens incessantes, as partidas jogadas num dia sim e no outro também, a obrigação de render cada vez mais...

Quando Winston Churchill chegou, tão lépido e faceiro, aos noventa anos de idade, um jornalista lhe perguntou qual o segredo de sua boa saúde. Churchill respondeu:

– O esporte. Jamais o pratiquei.

Anúncios

No mundo atual, tudo o que se move e tudo o que está imóvel transmite alguma mensagem comercial. Cada jogador de futebol é um cartaz em movimento, mas a FIFA não permite que os jogadores portem mensagens de solidariedade social. Tamanho disparate está expressamente proibido. Julio Grondona, presidente do futebol argentino, lembrou e fez lembrar tal proibição, em 1997, quando alguns jogadores quiseram expressar em campo seu apoio às reivindicações de mestres e professores, que ganham salários de jejum perpétuo. Pouco antes, a FIFA castigara com uma multa o jogador inglês Robbie Fowler pelo delito de inscrever em sua camiseta uma mensagem de adesão à greve dos operários dos portos.

Origens

Por serem negros ou mulatos, padeceram de racismo muitas das mais cintilantes estrelas do futebol. Nos gramados, encontraram uma alternativa para o crime, ao qual tinham sido condenados pela média estatística, e assim puderam elevar-se à categoria de símbolos da ilusão coletiva.

Uma pesquisa recente, realizada no Brasil, mostra que dois de cada três jogadores profissionais não terminaram a escola primária. Muitos deles, a metade, têm pele negra ou parda. Apesar da invasão da classe média, que nos últimos anos já se nota nos gramados, a realidade atual do futebol brasileiro não está longe daquela ao tempo de Pelé, que em sua infância roubava amendoins na estação de trem.

Africanos

Njanka, jogador de Camarões, arrancou de trás, deixou pelo caminho toda a população da Áustria e fez o gol mais bonito do Mundial de 98. Mas Camarões não foi longe.

Quando a Nigéria derrotou, com seu futebol divertido, a seleção espanhola, que depois empatou com o Paraguai, o presidente da Espanha, José María Aznar, comentou que "até um nigeriano ou um paraguaio podem tomar teu lugar". Depois, quando a Nigéria foi embora da França, um comentarista argentino sentenciou:

– São todos pedreiros, nenhum usa a cabeça para pensar.

A FIFA, que outorga os prêmios *fair play*, não jogou limpo com a Nigéria: impediu-lhe de ser cabeça de chave, embora o futebol nigeriano viesse de conquistar o troféu olímpico.

As seleções da África negra cedo se despediram do campeonato mundial, mas muitos jogadores africanos ou netos de africanos deslumbraram na Holanda, na França, no Brasil e em outras equipes. Alguns locutores e comentaristas os chamavam *negrinhos*, embora nunca chamassem de *branquinhos* aos demais.

Fervores

Em abril de 97, tombaram crivados de balas os guerrilheiros que ocupavam a embaixada do Japão na cidade de Lima. Quando os comandos irromperam, e num relâmpago executaram a espetacular carnificina, os guerrilheiros estavam jogando futebol. O chefe, Néstor Cerpa Cartolini, morreu vestindo as cores do Alianza, o clube de seus amores.

Poucas coisas ocorrem, na América Latina, que não tenham alguma relação, direta ou indireta, com o futebol. Festa compartilhada ou compartilhado naufrágio, o futebol ocupa um lugar importante na realidade latino-americana, às vezes o lugar mais importante, ainda que o ignorem os ideólogos que amam a humanidade e desprezam as pessoas.

Latino-americanos

México jogou muito bem no Mundial de 98. Paraguai e Chile foram ossos duros de roer. Colômbia e Jamaica deram o que podiam. Brasil e Argentina deram bem menos do que podiam, manietados por um sistema de jogo avaro de alegria e de fantasia. Na equipe argentina, a alegria e a fantasia correram por conta de Ortega, mestre da cabriola e da firula, que em troca não é tão bom como ator de cinema, quando inventa de se atirar no chão.

Holandeses

Entre equipes latino-americanas, verdade seja dita, a que mais gostei foi a Holanda. A seleção laranja mostrou um futebol vistoso, de bom toque e passes curtos, fruidor da bola. Esse estilo derivou, em grande parte, do aproveitamento de jogadores vindos da América do Sul: descendentes de escravos, nascidos no Suriname.

Não havia negros entre os dez mil torcedores que vieram da Holanda para a França, mas em campo sim havia. Vê-los foi uma festa: Kluivert, Seedorf, Reiziger, Winter, Bogarde, Davids. Davids, motor da equipe, joga e cria jogo: mete perna e mete bronca, pois não aceita que os futebolistas negros ganhem menos do que os brancos.

Franceses

Foram imigrantes, ou filhos de imigrantes, quase todos os jogadores que vestiram a camiseta azul e cantaram a

"Marselhesa" antes de cada partida. Thuram, elevado à categoria de herói nacional por dois golaços, Henry, Desailly, Viera e Karembeu vinham da África, das ilhas do Caribe ou de Nova Caledônia. Os demais provinham, em sua maioria, de famílias vascas, armênias ou argentinas.

Zidane, o mais aclamado, é filho de argelinos. *Zidane presidente*, escreveram mãos anônimas, no dia da festa, no frontão do Arco de Triunfo. Presidente? Há muitos árabes, ou filhos de árabes, na França, mas nenhum é deputado. Ministro, nem falar.

Uma pesquisa publicada durante o Mundial confirmou que quatro de cada dez franceses têm preconceito racial. O dúplice discurso do racismo permite ovacionar os heróis e maldizer os demais. O troféu mundial foi festejado por uma multidão só comparável àquela que encheu as ruas, há mais de meio século, quando chegou ao fim a ocupação alemã.

Peixes

Em 1997, um anúncio da televisão Fox Sports exortava a ver o futebol, prometendo: "Seja testemunha de como o peixe grande devora o peixe pequeno". Era um convite ao aborrecimento. Felizmente, no Mundial de 98, em mais de uma ocasião o peixe pequeno devorou o peixe grande, com espinhas e tudo. Isso é o que têm de bom, às vezes, o futebol e a vida.

A Copa do Mundo de 2002

Tempo de quedas. Um atentado terrorista tinha derrubado as torres gêmeas de Nova York. O presidente Bush lançava sobre o Afeganistão uma chuva de mísseis e arrasava a ditadura dos talibãs, que seu papai e Reagan tinham incubado. A guerra contra o terrorismo abençoava o terror militar. Os tanques israelenses demoliam Gaza e a Cisjordânia, para que os palestinos continuassem pagando a conta do Holocausto que não haviam cometido.

    O Homem-Aranha abatia os recordes de bilheteria da história do cinema. Fontes bem-informadas de Miami anunciavam a queda iminente de Fidel Castro, que ia despencar em questão de horas. Em troca, desmoronava a Argentina, o país modelo, e vinham abaixo a moeda, o governo e todo o resto. Na Venezuela, um golpe de estado derrubava o presidente Chávez. O povo na rua restituía o destituído, mas a televisão venezuelana, campeã da liberdade de informação, não tomava conhecimento.

    Rachando por suas próprias fraudes, vinha abaixo o gigante Enron, que tinha sido o contribuinte mais generoso para as campanhas de Bush e da maioria dos senadores norte-americanos. E caíam em cascata, pouco depois, as ações de outros monstros sagrados, WorldCom, Xerox, Vivendi, Merck, por culpa de alguns errinhos de milhares de milhões na contabilidade. Iam a pique as duas maiores sócias dos negócios da FIFA, as empresas ISL e Kirch; mas suas escandalosas quebras não impediam que Blatter fosse confirmado, por pesada maioria, no trono do futebol mundial. Nada como um dia depois do outro: a impunidade de Blatter, um mago na arte de esconder números e comprar votos, tinha transformado Havelange numa Irmã de Caridade.

E caiu também Bertie Felstead. Matou-o a morte. Felstead, o homem mais velho da Inglaterra, era o único sobrevivente de uma célebre partida de futebol que os soldados britânicos e alemães disputaram em plena guerra, no Natal de 1915. O campo de batalha se transformou por um momento em campo de jogo, ao mágico influxo de uma bola vinda não se sabe de onde, até que os oficiais, aos gritos, lembrassem aos soldados que tinham obrigação de se odiar.

* * *

Trinta e duas seleções foram ao Japão e Coreia para disputar a décima sétima Copa do Mundo de futebol, nos estádios novos e deslumbrantes de vinte cidades.

Jogou-se a primeira Copa do novo milênio pela primeira vez em dois países e pela primeira vez na Ásia. Crianças asiáticas, do Paquistão, costuraram para a Adidas a bola de alta tecnologia que se botou a rolar, na noite da inauguração, no estádio de Seul: uma câmara de látex, rodeada por uma malha de tecido coberta por espuma de gás, que tinha como pele uma camada branca de polímero com o símbolo do fogo. Uma bola feita para arrancar fortunas do gramado.

* * *

Foram duas copas mundiais de futebol. Numa jogaram os atletas de carne e osso. Na outra, ao mesmo tempo, jogaram os robôs. Os atletas mecânicos, programados por engenheiros, disputaram a RoboCup 2002 no porto japonês de Fukuoka, frente à costa coreana.

Qual é o sonho mais frequente dos empresários, dos tecnocratas, dos burocratas e dos ideólogos da indústria do futebol? No sonho, cada vez mais semelhante à realidade, os jogadores imitam os robôs.

Triste sinal dos tempos, o século XXI sacraliza a uniformidade em nome da eficiência e sacrifica a liberdade nos altares do sucesso. "A gente não ganha porque vale, a gente vale porque ganha", tinha comprovado, já faz alguns anos, Cornelius Castoriadis. Ele não se referia ao futebol, mas era como se. Proibido perder tempo, proibido perder: transformado em trabalho, submetido às leis da rentabilidade, o jogo deixa de brincar. Cada vez mais, como todo o resto, o futebol profissional parece regido pela UINBE (União de Inimigos da Beleza), poderosa organização que não existe mas manda.

Obediência, velocidade, força – e nada de firulas: este é o molde que a globalização impõe. Fabrica-se, em série, um futebol mais frio que uma geladeira. E mais implacável que uma centrífuga. Um futebol de robôs. Supõe-se que esta chateação é o progresso, mas o historiador Arnold Toynbee tinha passado por muitos passados quando comprovou: "A característica mais consistente das civilizações em decadência é a tendência à estandardização e à uniformidade".

* * *

Voltemos à Copa de carne e osso. Na partida inaugural, mais de uma quarta parte da humanidade assistiu, pela televisão, à primeira surpresa. A França, o país campeão da Copa anterior, foi vencido pelo Senegal, que tinha sido uma de suas colônias africanas e que participava pela primeira vez de uma Copa do Mundo. Contra todos os prognósticos, a França ficou pelo caminho na rodada inicial, sem fazer um único gol. Nas oitavas de final a Argentina, o outro grande favorito nas apostas, também partiu. E depois se foram a Itália e a Espanha, assaltadas à mão armada pelos árbitros. Mas todos estes times poderosos foram vítimas principalmente da obrigação de ganhar e do terror de perder, que são irmãos gêmeos. As grandes estrelas do futebol tinham chegado à Copa oprimidas pelo peso da fama e da responsabilidade, e extenuadas pelo feroz ritmo de exigência dos clubes onde atuam.

Sem história nas copas, sem estrelas, sem a obrigação de ganhar nem o terror de perder, o Senegal jogou em estado de graça, e foi a revelação do campeonato. A China, o Equador e a Eslovênia, que também faziam seu batismo de fogo, ficaram pelo caminho na primeira rodada. O Senegal chegou invicto às quartas de final e não pôde ir além, mas seu bailado incessante nos devolveu uma verdade simples que os cientistas da bola costumam esquecer: o futebol é um jogo, e quem joga, quando joga para valer, sente alegria e dá alegria. Foi obra do Senegal o gol de que gostei mais em todo o torneio, passe de calcanhar de Thiaw, chute certeiro de Camara; e um de seus jogadores, Diouf, fez a maior quantidade de dribles, numa média de oito por partida, num campeonato onde esse prazer para os olhos parecia proibido.

A outra surpresa foi a Turquia. Ninguém acreditava. Levava meio século de ausência nos campeonatos mundiais. Em sua partida inicial, contra o Brasil, a seleção turca foi tungada pelo árbitro; mas continuou firme, e acabou conquistando o terceiro lugar. Seu futebol – muito brio, boa qualidade – deixou mudos os especialistas que o tinham desprezado.

Quase todo o resto foi um longo bocejo. Por sorte, em suas partidas finais, o Brasil lembrou que era o Brasil. Quando se soltaram, e jogaram à brasileira, seus jogadores escaparam da jaula de eficiente mediocridade onde o técnico, Scolari, os tinha trancado. Então seus quatro erres, Rivaldo, Ronaldo, Ronaldinho Gaúcho e Roberto Carlos, puderam se mostrar plenamente e, por fim, o Brasil pôde ser uma festa.

* * *

E foi campeão. Na véspera da final, 170 milhões de brasileiros espetaram salsichas alemãs com alfinetes, e a Alemanha sucumbiu por 2 a 0. Era a sétima vitória brasileira em sete partidas. Os dois países tinham sido muitas vezes finalistas, mas nunca tinham se enfrentado numa Copa. Em terceiro lugar entrou a Turquia, e a Coreia do Sul ficou em quarto. Traduzindo em termos de mercado, a Nike conquistou o primeiro e o quarto lugar e a Adidas obteve o segundo e o terceiro.

O brasileiro Ronaldo, ressuscitado ao cabo de uma longa lesão, encabeçou a lista de goleadores, com oito tentos, seguido por seu compatriota Rivaldo, com cinco, e pelo dinamarquês Tomasson e o italiano Vieri, com quatro gols cada um. O turco Sukur fez o gol mais veloz da história das copas, aos onze segundos de jogo.

Pela primeira vez na história, um goleiro, o alemão Oliver Khan, foi escolhido o melhor jogador do torneio. Pelo terror que inspirava nos rivais, parecia filho do outro Khan, Gengis. Mas não era.

A guerra ou a festa

[Mais sobre o Mundial de 2002]

Existem partidas que terminam em batalhas campais, existem torcedores fanáticos que encontram no futebol um bom pretexto para o exercício do crime, e nas arquibancadas desafogam os rancores acumulados da infância ou da semana passada. Como costuma acontecer, é a Civilização quem dá os piores exemplos de barbárie. Entre os casos de mais triste memória, seria possível mencionar, por exemplo, a matança de 39 torcedores italianos do Juventus nas mãos dos *hooligans* ingleses do Liverpool, há pouco menos de vinte anos.

Mas será que isso é suficiente para dizer que o futebol choca novos ovos de serpente? Em 1969, foi chamada de "guerra do futebol" a matança entre hondurenhos e salvadorenhos, porque a primeira chispa daquele incêndio tinha surgido nos estádios. Mas a guerra vinha, na realidade, de muito antes. E seu nome perigoso conseguiu ocultar uma longa história: a guerra foi a trágica desembocadura de mais de um século de rancores entre dois povos vencidos, treinados para se odiar mutuamente, pobres contra pobres, por sucessivas ditaduras militares fabricadas na Escola das Américas.

O espelho não tem a culpa do rosto, como o termômetro não tem culpa da febre. Quase nunca vem do futebol, embora quase sempre pareça, a violência que às vezes explode nos campos de jogo. É revelador o que está acontecendo na Argentina. A loucura das torcidas organizadas e violentas não tem nada de novo; mas as brigas e confusões se multiplicaram, e os tiroteios e as pancadarias, desde que se desencadeou esta última crise que precipitou o país num despenhadeiro e deixou os argentinos pedalando no ar.

* * *

Os estádios de futebol são os únicos cenários em que etíopes e eritreus se abraçam. Durante os torneios africanos, os jogadores dessas seleções conseguem esquecer durante um tempinho a longa guerra que periodicamente rebota em seus países.

E depois do genocídio que ensanguentou Ruanda, o futebol é o único instrumento de conciliação que não fracassou. Os hutus e os tutsis se misturam nas torcidas dos clubes e jogam juntos nos diversos times e na seleção nacional. O futebol abre um espaço para a ressurreição do respeito mútuo que reinava entre eles, antes que os poderes coloniais, o alemão primeiro e o belga depois, os dividissem para reinar.

* * *

Em Medellín, uma das cidades mais violentas do mundo, nasceu e se desenvolveu o projeto "Futebol pela paz", que durante algum tempo funcionou com milagroso êxito.

Enquanto durou, demonstrou que não era impossível trocar tiros por chutes.

O futebol foi a única linguagem alternativa para as gangues armadas dos diversos bairros, acostumadas a dialogar a tiros. Jogando futebol, os inimigos começaram a se conhecer entre si, no começo de maneira muito ruim e a cada partida um pouquinho melhor. E os rapazes começaram a aprender que a guerra não é o único meio de vida possível.

* * *

Antes de cada jogo, em cada Copa do Mundo, os jogadores escutam e cantarolam seus hinos nacionais. Por regra geral, salvo algumas exceções, os hinos convidam a matar e morrer. Esses cânticos marciais proferem ameaças terríveis, convidam para a guerra, insultam os estrangeiros e exortam a transformá-los em picadinho ou sucumbir com glória em heroicos banhos de sangue.

Vamos para o campeonato mundial número dezessete. Ao longo dos mundiais viu-se que não faltam jogadores dispostos a atuar como soldados obedientes, sempre dispostos a castigar com ferozes patadas os inimigos da pátria, e principalmente os que cometem a imperdoável ofensa de jogar lindamente. Mas, verdade seja dita, a grande maioria dos jogadores não deu importância às ordens determinadas pelos seus hinos, nem aos delírios épicos de certos jornalistas que competem com os hinos, nem às instruções carniceiras de alguns dirigentes e técnicos, nem aos clamores guerreiros de uns tantos energúmenos nas arquibancadas.

Oxalá os jogadores, ou pelo menos a maioria dos jogadores, continuem se fazendo de surdos no mundial que vem. E que não confundam na hora de escolher entre a guerra ou a festa.

A Copa do Mundo de 2006

Como de costume, os aviões da CIA andavam pelos aeroportos europeus, totalmente à vontade, sem autorização nem aviso nem nada, transportando presos até as salas de tortura distribuídas pelo mundo.

Como de costume, Israel invadia Gaza e, para resgatar um soldado sequestrado, sequestrava a sangue e fogo a soberania palestina.

Como de costume, cientistas advertiam que o clima estava enlouquecendo e que mais cedo ou mais tarde os polos se derreterão e os mares devorarão portos e praias, mas os enlouquecedores do clima, os envenenadores do ar, seguiam, como de costume, surdos.

Como de costume, estava em gestação uma fraude para as próximas eleições no México, em que o cunhado do candidato da direita havia santamente preparado a base de dados para a contagem oficial dos votos.

Como de costume, fontes bem-informadas de Miami anunciavam a queda iminente de Fidel Castro, que iria sucumbir em questão de horas.

Como de costume, era confirmada a violação dos direitos humanos em Cuba: em Guantánamo, base militar norte-americana em território cubano, três dos muitos presos trancafiados sem acusação nem processo apareciam enforcados em suas celas, e a Casa Branca explicava que esses terroristas tinham se matado para chamar a atenção.

Como de costume, desencadeava-se um escândalo quando Evo Morales, o primeiro presidente indígena da Bolívia, nacionalizava o petróleo e o gás, cometendo assim o imperdoável crime de fazer o que havia prometido fazer.

Como de costume, a guerra continuava suas matanças no Iraque, país culpado por ter petróleo, enquanto a empresa Pandemic Studios, da Califórnia, anunciava o lançamento de um novo videogame no qual os heróis invadiam a Venezuela, outro país culpado por ter petróleo.

E os Estados Unidos ameaçavam invadir o Irã, país culpado por ter petróleo, porque o Irã queria a bomba atômica e isso era um perigo para a humanidade do ponto de vista do país que havia lançado as bombas atômicas sobre Hiroshima e Nagasaki.

Também Bruno era um perigo. Bruno, urso selvagem, havia escapado da Itália e andava fazendo bagunça pelos bosques germânicos. Ainda que ele não parecesse nem um pouco interessado em futebol, os agentes da ordem afastaram a ameaça executando-o a tiros na Baviera, pouco antes da inauguração da décima oitava Copa do Mundo...

* * *

Trinta e dois países de cinco continentes disputaram 64 partidas em doze imponentes, belos e funcionais estádios da Alemanha unificada: onze estádios do oeste e apenas um do leste.

Esta Copa esteve marcada pelos emblemas que as seleções levantaram no começo das partidas contra a peste universal do racismo.

O tema fervilhava. Às vésperas do torneio, o dirigente político francês Jean-Marie Le Pen proclamou que a França não se reconhecia nos seus jogadores porque eram quase todos negros e porque seu capitão, Zinédine Zidane, mais argelino do que francês, não cantava o hino. E o vice-presidente do Senado italiano, Roberto Calderoli, o apoiou dizendo que os jogadores da seleção francesa eram negros, islamitas e comunistas que prefeririam a "Internacional" à "Marselhesa" e Meca a Belém. Algum tempo atrás, o treinador da seleção espanhola, Luis Aragonés, havia chamado o jogador francês Thierry Henry de *negro de merda*, e o presidente perpétuo do futebol sul-americano, Nicolás Leoz, apresentou sua autobiografia dizendo que ele havia nascido *numa cidadezinha onde viviam trinta pessoas e cem índios*.

Um pouquinho antes de o torneio terminar, quase no final da final, Zidane, que estava se despedindo do futebol, investiu contra um adversário que lhe disse e repetiu alguns desses insultos que os energúmenos costumam berrar das arquibancadas dos estádios. O insultador ficou estirado no chão e Zidane, o insultado, recebeu um cartão vermelho do juiz e uma vaia do público que iria ovacioná-lo, e saiu para nunca mais voltar.

Mas essa foi a sua Copa. Ele foi o melhor jogador do torneio, apesar desse último ato de loucura, ou de justiça, conforme o ângulo. Graças às suas belas jogadas, graças à sua melancólica elegância, acreditamos que o futebol não está irremediavelmente condenado à mediocridade.

* * *

Nesse último jogo, pouco depois da expulsão de Zidane, a Itália se impôs sobre a França nos pênaltis e se consagrou campeã...

Até 1968, os jogos empatados eram decididos na base do cara ou coroa. Desde então, foram definidos nos pênaltis, que se parecem bastante com os caprichos do azar. A França havia jogado melhor do que a Itália, mas uns poucos segundos valeram mais do que duas horas de jogo. O mesmo havia ocorrido antes na partida em que a Argentina, superior à Alemanha, teve de voltar para casa.

* * *

Oito jogadores do clube italiano Juventus chegaram à final em Berlim: cinco jogando pela Itália e três pela França. E aconteceu a coincidência de o Juventus ser o time mais comprometido nas tramoias que vieram à tona nas vésperas da Copa. Das *mãos limpas* aos *pés limpos*: os juízes italianos comprovaram toda uma coleção de trapaças, compra de árbitros, compra de jornalistas, falsificação de contratos, adulteração de balanços, rateio de posições, manipulação da televisão... Entre os clubes implicados estava o Milan, de propriedade do virtuoso Silvio Berlusconi, que com tão exitosa impunidade praticara a fraude no futebol, nos negócios e no governo.

* * *

A Itália ganhou a sua quarta Copa e a França ficou em segundo lugar, seguida pela Alemanha e por Portugal, o que também se pode traduzir dizendo que a Puma triunfou sobre a Adidas e a Nike.

Miroslav Klose, da seleção alemã, foi o artilheiro, com cinco gols.

América e Europa ficaram empatadas: cada continente ganhou nove Copas do Mundo.

Pela primeira vez na história, o mesmo árbitro, o argentino Horacio Elizondo, deu o primeiro e o último apito, na abertura e na final. Demonstrou que havia sido bem escolhido.

Houve outros recordes, todos brasileiros. Ronaldo, gordo mas eficaz, foi o maior goleador da história das Copas, Cafu se transformou no jogador com mais partidas vitoriosas e o Brasil passou a ser o país com mais gols, nada menos que 201, e com mais vitórias consecutivas, nada menos que onze.

No entanto, o Brasil esteve na Copa de 2006, mas não foi visto. Ronaldinho, a superestrela, não ofereceu gols nem brilho, e a ira popular transformou a sua estátua, que media sete metros de altura, num monte de cinzas e de ferros retorcidos.

* * *

Este torneio terminou sendo uma Eurocopa, sem latino-americanos nem africanos nem ninguém que não fosse europeu nas etapas finais.

Salvo a seleção equatoriana, que jogou lindamente ainda que não tenha ido longe, foi uma Copa sem surpresas. Um espectador a resumiu assim:

– Os jogadores têm uma conduta exemplar. Não fumam, não bebem, não jogam.

Os resultados recompensaram isso que agora chamam de sentido prático. Viu-se pouca fantasia. Os artistas deram lugar aos levantadores de peso e aos corredores olímpicos, que ao passar chutavam uma bola ou um adversário.

Todos atrás, quase ninguém na frente. Uma muralha chinesa defendendo o gol e algum Cavaleiro Solitário esperando o contra-ataque. Até poucos anos atrás, os atacantes eram cinco. Agora só resta um, e nesse ritmo não ficará nenhum.

Como comprovou o zoólogo Roberto Fontanarrosa, o atacante e o urso panda são espécies em extinção.

O Mundial de Zidane

[Mais sobre o Mundial de 2006]

No cenário de cordura, um ataque de loucura. Num templo consagrado à adoração do futebol e ao respeito às suas regras, onde a Coca-Cola distribui felicidade, a MasterCard outorga prosperidade e a Hyundai oferece velocidade, são disputados os últimos minutos da última partida do campeonato mundial.

É, também a última partida do melhor jogador, o mais admirado, o mais querido, que está dizendo adeus ao futebol. Os olhos do mundo estão postos nele. E de repente este rei da festa se transforma num touro furioso e avança sobre um rival e o desmorona com uma cabeçada no peito, e vai embora.

Vai expulso pelo juiz e a despedida do público é uma tremenda vaia em vez de uma ovação. E não sai pela porta da frente, mas pelo triste túnel que leva aos vestiários.

No caminho, passa ao lado da taça de ouro reservada ao time campeão. Ele nem olha para ela.

* * *

Quando aquele mundial começou, os especialistas disseram que Zinédine Zidane estava velho.

Mariano Pernía, o argentino que joga na seleção espanhola, comentou:

– Velho é o vento, e continua soprando.

E a França derrotou a Espanha e Zidane foi, nesse jogo e nos jogos seguintes, o mais jovem de todos.

Depois, no fim do mundial, quando aconteceu o que aconteceu, foi fácil atacar o bandido do filme. Mas era, e continua sendo, difícil compreendê-lo. Será verdade? Não será um pesadelo, um sonho equivocado? Como pode abandonar os seus quando mais precisavam dele? Horacio Elizondo, o juiz, mostrou o cartão vermelho com toda razão, mas por que Zidane fez o que fez?

Pelo que parece, o zagueiro italiano Marco Materazzi ofereceu a ele alguns desses insultos que os energúmenos costumam gritar das arquibancadas dos estádios. Zidane, muçulmano, filho de argelinos, tinha aprendido a se defender, lá na infância, quando recebia ataques assim nos subúrbios pobres de Marselha. Conhece bem esses insultos, mas doem como na primeira vez; e seus inimigos sabem que a provocação funciona. Mais de uma vez fizeram com que ele perdesse os estribos desse jeito sujo, e Materazzi não é, digamos, famoso pela sua limpeza.

Este mundial foi marcado pelas consignas que as seleções ergueram, no começo das partidas, contra a peste universal do racismo, e Zidane, militante dessa causa, foi um dos jogadores que fizeram com que isso fosse possível.

* * *

Mas é possível reduzir um insulto, ou a vários insultos, esta tragédia do vencedor que escolhe ser perdedor, o astro que renuncia à glória quando está roçando a glória com a mão? Talvez, quem sabe, esse ataque enlouquecido tenha sido, embora Zidane não quisesse nem soubesse, um rugido de impotência.

Talvez tenha sido um rugido de impotência contra os insultos, as coveladas, as cusparadas, os pontapezinhos arteiros, as simulações dos especialistas em ficar rodando no chão, mestres do ai de mim, e contra as artes de teatro dos farsantes que matam e fazem cara de não fui eu.

Ou talvez tenha sido um rugido de impotência contra o êxito esmagador do futebol feio, contra a mesquinhez, a covardia e a avareza do futebol que a globalização, inimiga da diversidade, está nos impondo. Afinal, conforme o campeonato avançava, ia ficando cada vez mais claro que Zidane não pertencia a esse circo. E suas artes de magia, sua fidalguia, sua melancólica elegância, mereciam o fracasso, assim como o mundo do nosso tempo, que fabrica em série os modelos do êxito, merecia este medíocre campeonato mundial.

A Copa do Mundo de 2010

Uma campanha internacional transformava o Irã no mais grave perigo para a humanidade, porque dizem que dizem que o Irã teria ou poderia ter armas nucleares, *como se* tivessem sido iranianos os que lançaram bombas atômicas sobre a população civil de Hiroshima e Nagasaki

Israel metralhava, em águas internacionais, os navios que levavam à Palestina alimentos, remédios e brinquedos, num dos habituais atos criminosos que castigam os palestinos *como se* eles, que são semitas, fossem culpados pelo antissemitismo e seus horrores;

o Fundo Monetário, o Banco Mundial e numerosos governos humilhavam a Grécia, obrigando-na a aceitar o inaceitável, *como se* tivessem sido os gregos, e não os banqueiros de Wall Street, os responsáveis pela pior crise internacional desde 1929;

o Pentágono anunciava que os seus especialistas haviam descoberto no Afeganistão uma jazida de um bilhão de dólares em ouro, cobalto, cobre, ferro e, sobretudo, lítio, o cobiçado mineral imprescindível para os telefones celulares e os computadores portáteis, e o país invasor anunciava isso alegremente, *como se*, ao fim de quase nove anos de guerra e milhares de mortos, tivesse encontrado o que procurava de fato no país invadido;

na Colômbia, aparecia uma vala comum com mais de dois mil mortos sem-nome que o exército havia jogado ali *como se* fossem guerrilheiros abatidos em combate, ainda que os moradores do lugar soubessem que eram militantes sindicais, ativistas comunitários e camponeses que defendiam as suas terras;

uma das piores catástrofes ecológicas de todos os tempos transformava o golfo do México numa imensa poça de petróleo, e um mês e meio depois, o fundo do mar seguia sendo um vulcão de petróleo, enquanto a empresa British Petroleum assoviava e olhava para o outro lado, *como se* não tivesse nada a ver com isso;

em vários países, uma enxurrada de denúncias acusava a Igreja Católica de abusos sexuais e violações de crianças, e por todo lado se multiplicavam os testemunhos que o medo havia reprimido durante anos e que, por fim, vinham à luz, enquanto algumas fontes eclesiásticas se defendiam dizendo que essas atrocidades ocorriam também fora da Igreja, *como se* isso a desculpasse, e que, em muitos casos, os sacerdotes tinham sido provocados, *como se* os culpados fossem as vítimas;

fontes bem-informadas de Miami seguiam negando-se a acreditar que Fidel Castro seguisse vivinho da silva, *como se* ele não estivesse lhes dando novos desgostos a cada dia;

perdíamos dois escritores sem suplentes, José Saramago e Carlos Monsiváis, e sentíamos falta deles *como se* não soubéssemos que seguirão ressuscitando entre os mortos, por mais que pareça impossível, pelo puro prazer de atormentar os donos do mundo;

e, no porto de Hamburgo, uma multidão comemorava o retorno à primeira divisão alemã do clube de futebol Sankt Pauli, que conta com vinte milhões de simpatizantes, por mais que pareça impossível, congregados em torno das bandeiras do clube: *não ao racismo, não ao sexismo, não à homofobia, não ao nazismo,* enquanto longe dali, na África do Sul, era inaugurado o décimo nono campeonato mundial de futebol, sob o amparo de uma dessas bandeiras: *não ao racismo.*

* * *

Durante um mês, o mundo deixou de girar e muitos dos seus habitantes deixamos de respirar.

Nada atípico, porque isso ocorre a cada quatro anos, mas o atípico foi que esta foi a primeira Copa em terra africana.

A África negra, desprezada, condenada ao silêncio e ao esquecimento, pôde ocupar por um momento o centro da atenção universal, ao menos enquanto durou o campeonato.

Trinta e dois países disputaram a Copa em dez estádios que custaram uma dinheirama. E não se sabe como a África do Sul fará para manter em atividade esses gigantes de cimento, esbanjo multimilionário fácil de explicar, mas difícil de justificar num dos países mais injustos do mundo.

* * *

O estádio mais belo, em forma de flor, abre as suas imensas pétalas sobre a baía chamada Nelson Mandela.

Mandela foi o herói desta Copa. Uma homenagem mais do que merecida ao fundador da democracia naquele país.

O seu sacrifício rendeu frutos que, de alguma forma, podem ser vistos no planeta inteiro. No entanto, na África do Sul, os negros continuam sendo os mais pobres e os mais castigados pela polícia e pelas pestes, e foram os negros, os mendigos, as prostitutas e os meninos de rua que, nas vésperas da Copa, foram escondidos para não dar má impressão para as visitas.

* * *

Ao longo do torneio, pôde-se ver que o futebol africano conservou a sua agilidade, mas perdeu desenvoltura e fantasia. Correu muito, mas dançou pouco. Há quem acredite que os técnicos das seleções, quase todos europeus, tenham contribuído para esse endurecimento. Se foi assim, pouco ajudaram um futebol que prometia tanta alegria.

A África sacrificou as suas virtudes em nome da eficácia, e a eficácia brilhou pela sua ausência. Um só país africano, Gana, ficou entre os oito melhores; e pouco depois, também Gana voltou para casa. Nenhuma seleção africana sobreviveu, nem sequer a do país anfitrião.

Muitos dos jogadores africanos, dignos da sua herança de bom futebol, vivem e jogam no continente que havia escravizado os seus avós.

Numa das partidas da Copa, enfrentaram-se os irmãos Boateng, filhos de pai ganense: um vestia a camisa de Gana, e o outro, a camisa da Alemanha.

Dos jogadores da seleção de Gana, nenhum jogava no campeonato local.

Dos jogadores da seleção da Alemanha, todos jogavam no campeonato local da Alemanha.

Como a América Latina, a África exporta mão de obra e pé de obra.

* * *

Jabulani foi o nome da bola do torneio, ensaboada, meio louca, que fugia das mãos e desobedecia aos pés. Essa novidade da Adidas foi imposta no Mundial, mesmo que os jogadores não gostassem nem um pouquinho dela. Do seu castelo de Zurique, os senhores do futebol impõem, não propõem. Eles têm esse costume.

* * *

Os erros e os horrores cometidos por alguns árbitros colocaram mais uma vez em evidência o que o senso comum exige há muitos anos.

Aos gritos, o senso comum clama, sempre em vão, que o árbitro possa consultar os primeiros planos, registrados pelas câmeras, de jogadas decisivas que sejam duvidosas. A tecnologia permite, agora, que esse cotejo seja feito com a rapidez e a naturalidade com que se consulta outro instrumento tecnológico, chamado relógio, para medir o tempo de cada partida.

Todos os demais esportes, como o basquete, o tênis, o beisebol, a natação e até a esgrima e as corridas de automóvel, utilizam normalmente as ajudas eletrônicas. O futebol, não. E a explicação de seus amos seria cômica, se não fosse simplesmente suspeita: *o erro faz parte do jogo*, dizem, e nos deixam boquiabertos descobrindo que *errare humanum est*.

* * *

A melhor defesa do torneio não foi obra de um goleiro, mas de um goleador: o atacante uruguaio Luis Suárez deteve a escorregadia bola com as duas mãos, na linha do gol, no último minuto de uma partida decisiva. Esse gol teria deixado o seu país fora da Copa: graças ao seu ato de patriótica loucura, Suárez foi expulso, mas o Uruguai não.

* * *

O Uruguai, que havia entrado na Copa em último lugar, depois de uma penosa classificação, jogou todo o campeonato sem se render nunca, e foi o único país latino-americano que chegou às semifinais. Alguns cardiologistas nos advertiram, pela imprensa, que o excesso de felicidade pode ser perigoso para a saúde. Muitos de nós, uruguaios, que parecíamos condenados a morrer de tédio, comemoramos esse risco, e as ruas do país viraram uma festa. Ao fim e ao cabo, o direito de festejar os próprios méritos é sempre preferível ao prazer que alguns sentem pela desgraça alheia.

O Uruguai terminou em quarto lugar, o que não é tão ruim para o único país que pôde evitar que esta Copa não passasse de uma Eurocopa.

Diego Forlán, nosso goleador, foi eleito o melhor jogador do torneio.

* * *

Ganhou a Espanha. Esse país, que nunca havia conquistado a taça mundial, ganhou com justiça, por obra e graça do seu futebol solidário, um por todos, todos por um, e pela assombrosa habilidade desse pequeno mago chamado Andrés Iniesta.

Holanda foi vice, depois de uma última partida em que traiu, aos pontapés, as suas melhores tradições.

* * *

A campeã e a vice-campeã da Copa anterior voltaram para casa sem abrir as malas. Em 2006, Itália e França tinham se encontrado na partida final. Agora se encontraram na porta de saída do aeroporto. Na Itália, se multiplicaram as vozes críticas a um futebol jogado para impedir que o rival jogue. Na França, o desastre provocou uma crise política e acendeu as fúrias racistas, porque haviam sido negros quase todos os jogadores que cantaram a "Marselhesa" nos estádios sul-africanos.

Outros favoritos, como a Inglaterra, tampouco duraram muito.

Brasil e Argentina sofreram cruéis banhos de humildade. O Brasil estava irreconhecível, salvo nos momentos de liberdade que arrombaram a jaula do esquema defensivo. De que sofria este futebol para precisar de um remédio tão duvidoso?

A Argentina foi goleada na sua última partida. Meio século antes, outra seleção argentina havia recebido uma chuva de moedas quando retornou de uma Copa desastrosa, mas desta vez foi bem recebida por uma multidão afetuosa. Ainda há pessoas que creem em coisas mais importantes do que o êxito ou o fracasso.

* * *

Esta Copa confirmou que os jogadores se lesionam com reveladora frequência, triturados como estão pelo extenuante ritmo de trabalho que o futebol profissional impõe impunemente. Dirão que alguns ficaram ricos, e até riquíssimos, mas isso só é verdade para os mais cotados, que além de jogar dois ou mais jogos por semana, e além de treinar noite e dia, sacrificam à sociedade de consumo os seus escassos minutos livres vendendo cuecas, carros, perfumes e barbeadores e posando para as capas das revistas de luxo. E, ao fim e ao cabo, isso só prova que este mundo é tão absurdo que tem até escravos milionários.

* * *

Faltaram ao encontro duas das superestrelas mais anunciadas e esperadas. Lionel Messi quis comparecer, fez o que pôde, e algo foi visto. Dizem que Cristiano Ronaldo esteve lá, mas ninguém o viu: talvez estivesse muito ocupado vendo-se a si mesmo.

Mas uma nova estrela, inesperada, surgiu das profundidades dos mares e se elevou ao ponto mais alto do firmamento futebolístico. É um polvo que vive num aquário da Alemanha. Chama-se Paul, ainda que merecesse chamar-se Polvodamus.

Antes de cada jogo, formulava as suas profecias. Faziam-no escolher entre os mexilhões que levavam as bandeiras dos dois rivais. Ele comia os mexilhões do vencedor e não errava.

O oráculo octópode, que influenciou decisivamente nas apostas, foi ouvido no mundo futebolístico com religiosa reverência e foi amado e odiado e até caluniado por alguns ressentidos, como eu: quando anunciou que Uruguai perderia contra Alemanha, denunciei:
– Este polvo é um corrupto.

* * *

Quando o Mundial começou, pendurei na porta da minha casa um cartaz que dizia: *Fechado por motivo de futebol.*
Quando o retirei, um mês depois, eu já havia jogado 64 jogos, de cerveja na mão, sem me mover da minha poltrona preferida.
Essa proeza me deixou moído, com os músculos doloridos e a garganta arrebentada; mas já estou sentindo saudades. Já começo a sentir falta da insuportável ladainha das vuvuzelas, da emoção dos gols não recomendados para cardíacos, da beleza das melhores jogadas repetidas em câmera lenta. E também da festa e do luto, porque às vezes o futebol é uma alegria que dói, e a música que comemora alguma vitória dessas que fazem os mortos dançar soa muito parecida ao clamoroso silêncio do estádio vazio, onde algum vencido, sozinho, incapaz de se mover, espera sentado em meio às imensas arquibancadas sem ninguém.

A Copa do Mundo de 2014

Há um longo século, o poeta Antonio Machado havia caçoado dos numerosos néscios que confundem valor e preço: *Diga-me quanto você custa e lhe direi quanto vale.*
Mas eis que os especialistas avaliaram em 916 milhões de dólares a seleção espanhola na Copa de 2014, e a Espanha terminou sendo, ai, a primeira seleção eliminada ainda no início do campeonato.

* * *

O futebol é a organização mais poderosa do mundo, afirmou Joseph Blatter, amo supremo, na cerimônia de abertura do Congresso da FIFA, e em plena explosão de euforia anunciou que "algum dia nosso esporte terá torneios interplanetários".
Ao mesmo tempo, informou que as reservas do negócio já chegaram a 1,432 milhão de dólares.

* * *

Não se pode dizer que a coisa vá mal, que a verdade seja dita. A FIFA isenta de impostos o McDonald's, a Coca-Cola e outros generosos patrocinadores, mas embolsa fortunas com a venda de direitos às emissoras de tevê e com os subornos fabulosos que recebe por oferecer sedes para os próximos campeonatos.

Estima-se que o troféu de 2014, disputado em plena crise universal, deixará lucros limpos superiores a 1,8 bilhão de dólares.

* * *

Este está sendo o campeonato mais caro da história e também o que está deixando a maior quantidade de jogadores lesionados.

Por que se transformaram em hospitais os campos de futebol? A resposta é simples: salvo os jogadores que brilham no topo do céu, a quase totalidade dos demais vive submetida a um regime de trabalho que evoca os tempos da escravidão, sem sindicatos que os defendam e ganhando salários que estão por baixo do mínimo dos mínimos. E isso em um Brasil onde estão crepitando os vulcões da indignação popular ante o desperdício de construções faraônicas em contraste com as verbas destinadas à saúde e ao ensino públicos.

* * *

Até 2014, era impossível imaginar que o futebol, conhecido como *soccer* nos Estados Unidos, pudesse concorrer em popularidade com o beisebol, o basquete ou o hóquei, mas os ventos desta Copa sopraram com força imprevisível, e as pesquisas indicam que este campeonato incorporou mais de seis milhões de novos fanáticos a este esporte que faz aflorar paixões semelhantes a uma religião universal.

Bem-vindos à festa.

FUTEBOL,
A ÚNICA RELIGIÃO SEM ATEUS

O futebol é o espelho do mundo

[Entrevista concedida a *El Gráfico* em 1995,
logo depois da publicação de *Futebol ao sol e à sombra*]

Não é a primeira vez que Eduardo Galeano escreve sobre "a única religião que não tem ateus", o futebol. Mas nunca antes havia feito desta paixão um tema excludente. Até que um dia se decidiu e atendeu a todos os seus amigos, os mesmos que atribuem a ele um único defeito, ser torcedor do Nacional uruguaio.

"Pois é, ninguém é perfeito...", responde Galeano entre risos, sentado em seu escritório no bairro Malvín de Montevidéu, sem computadores nem máquinas de escrever à vista, porque não há. O autor de As veias abertas da América Latina, *uruguaio, ganhador do Prêmio Casa de las Américas de 1975 e 1978 e do American Book Award por* Memória do fogo *em 1989, escreve à mão. E o que é mais estranho: faz anotações em uma microscópica cadernetinha, que inclusive leva aos estádios...*

– Vou ao futebol desde que era bebê. Meu pai me levava embrulhado em cueiros e torcia pelo Nacional. Isso ficou em mim para sempre. O que mudou é que faz muito tempo que deixei de ser um torcedor, digamos, fanático, embora na verdade nunca tenha sido: senti sempre uma agitada tendência a aplaudir o inimigo, quando algum jogador do Peñarol fazia jogadas magistrais, como acontecia com Schiaffino, com Abbadie...

Sua voz de locutor de décadas passadas, sua maneira pausada de falar, são as armas que ele escolhe para começar a contar esta história. A que resultou em Futebol ao sol e à sombra, *seu livro mais recente. Uma história que começa pelo princípio...*

Os nascimentos

— *São essas as suas primeiras lembranças do futebol?*
— Não, tenho lembranças anteriores, porém mais enevoadas. As primeiras, mais que de jogadores, são de estádios, de arquibancadas e da vontade de fazer xixi. Porque esse foi o primeiro problema que tive: eu era louco por futebol, mas era muito pequeno, era levado pelo meu pai ou por meus tios, então sentia vontade de fazer xixi e quando o estádio estava muito cheio não podiam me levar até o banheiro. Então fazia xixi na escadaria, com gravíssimas consequências para o público presente. Depois, lembro do fervor, o futebol como festa de todo mundo, e eu, menino, sentia uma atração muito grande. E alguma briga... Minha agitada tendência a aplaudir o adversário não me impedia de brigar pelo Nacional, coisa que fiz mais de uma vez. Agora não faria, passaram-se os anos e me transformei num mendigo do bom futebol: quando o milagre do bom futebol acontece, já não me importa quem fez esse milagre, nem o time nem o país.

– *Continua indo aos estádios?*
– Vou, vou. Tento ir. Durante a Copa América eu estava nos Estados Unidos dando uns cursos, mas consegui ir três vezes. Também fui no último clássico Peñarol-Nacional, e creio que foi justo o triunfo. Agora posso dizer essas coisas sem sentir que vão me enforcar.

– *Por que escreveu um livro sobre futebol?*
– Porque o futebol é o espelho do mundo e em meus livros eu me ocupo da realidade. A realidade é uma senhora muito louca, que fala de dia e de noite também; em suas horas de vigília e enquanto dorme ou se faz de adormecida; nas horas do sonho e do pesadelo. Eu sou um ouvinte das suas vozes: quero escutar o que ela conta para contar para os outros. Por isso me interessa a realidade que foi, a que é e a que será. E o futebol é uma parte fundamental da realidade, sempre achei muito indignante que a história oficial ignorasse essa parte da memória coletiva que é o futebol em países como os nossos. Os livros de história do século XX nunca mencionaram o futebol, jamais, não existe; e foi fundamental para as pessoas de carne e osso. Como que não existe?

– *Qual é o lugar do futebol?*
– É um dado fundamental de cultura. No aspecto pessoal, escrevi artigos sobre futebol, sempre fui um apaixonado e, além disso, queria ser jogador. Quem não quis ser jogador? Mas eu só conseguia jogar bem enquanto dormia, porque durante o dia era um perna de pau imperdoável, e então precisei tentar com a mão o que jamais consegui fazer com os pés.

– *Qual era a sua posição em campo?*
– Era o que se chamava, naquele tempo, de centro-direita, a camiseta número oito. Eu era péssimo, horroroso. Nunca consegui chegar nem mesmo à sombra da sombra da sombra que eu me via enquanto sonhava que estava jogando. De noite, eu era brilhante. E pensava: que coisa esquisita, durmo e sou uma estrela como jamais se viu, um mago da bola, um poeta do futebol, e depois – de dia – como posso ser tão ruim? E era, não tinha jeito... Escrevi o livro por isso: por um lado, é uma necessidade de expiação; e por outro, essa indignação diante do vazio de futebol na literatura contemporânea e nos livros de história.

– *No livro, aparece o Maracanaço. Qual a sua lembrança?*
– Eu tinha nove anos, mas lembro de tudo: da transmissão completa de Carlos Solé pelo rádio, de termos saído para festejar e que Montevidéu explodia – nunca tinha visto a cidade daquele jeito, com aquela alegria enlouquecida –, e também recordo que eu era muito católico, muito fervoroso, quase místico, e que então fiz mil promessas a Deus a partir do gol do Brasil, se ele nos desse de presente a vitória do Uruguai. E se vê que foram boas as promessas que fiz, porque o milagre aconteceu. E sem patadas, porque naquele tempo não se identificava a garra nacional com as patadas: o Uruguai cometeu a metade das faltas cometidas pelo Brasil.

– *Dá para ver sua preocupação com a questão das patadas...*
– É importante destacar: acho que o sentimento de honra no jogo está sendo recuperado, a partir do momento em que o mestre Tabárez assumiu o comando. Ele delimitou a fronteira, impôs um jogo limpo e começou a mudar a

imagem ruim que o Uruguai estava construindo. Mas tem um período do futebol uruguaio que a meu ver é vergonhoso. O da divinização e da demagogia da violência. Ainda estamos vivendo isso porque grande parte dos doutores do futebol segue praticando a apologia da violência.

— *E quem são os doutores do futebol?*
— Os especialistas, os ideólogos que aqui às vezes cometem esse tipo de barbaridades: confundem a garra uruguaia com deslealdade. Quando na realidade a ideia está nos antípodas: na dignidade, no sentimento de honra. Há crimes com premeditação e violência que aqui são chamados de jogo duro. Acredito que felizmente o futebol uruguaio está deixando isso para trás, essa ideia de que ele deveria ser salvo na base da porrada.

As caras e as máscaras

"Em que o futebol se parece com Deus? Na devoção que desperta em muitos crentes e na desconfiança que desperta em muitos intelectuais" (Eduardo Galeano, *Futebol ao sol e à sombra.*)

— *Qual o problema dos intelectuais com o futebol?*
— Alguns intelectuais estão voltados para o futebol, mas em geral a posição predominante é a de um certo desprezo. Também há muitos que são fervorosos, mas não confessam...

— *Por quê? Cai mal?*
— Pode ser por isso. De um lado existe um preconceito elitista que teve sua expressão em Jorge Luis Borges, o

intelectual que mais brilhantemente desprezou o futebol, com mais inteligência. Ele desprezava porque o futebol é uma paixão de massas, e ele detestava as paixões populares e dizia isso com todas as letras. Borges detestava os espelhos e a cópula, porque multiplicam as pessoas. E as pessoas estão muito multiplicadas nos estádios. Então, para ele era uma cerimônia bárbara, a celebração de uma prática demoníaca.

– *Borges em um extremo. Mas e o resto dos intelectuais?*
– Borges representa o desprezo pelo futebol como paixão popular. Qual é a paixão do povo? É uma coisa que se faz com os pés, porque o povo pensa com os pés. Essa seria a posição da direita. A da esquerda é a rejeição ao futebol como instrumento de alienação, como ópio do povo, como diabólica invenção do império britânico para adormecer os oprimidos do mundo. Entre essas duas posições somos muitos intelectuais e escritores apaixonados pelo futebol...

– *Do futebol apareceu uma espécie de intelectual, o técnico Jorge Valdano. Qual a sua opinião sobre ele?*
– Ele me ajudou no livro. Estivemos juntos em Madri, me deu alguns dados que eu precisava. Admiro muito seu trabalho, e já o admirava como jogador. É um dos melhores protagonistas do futebol de hoje, capaz de receber os jogadores depois de uma derrota, acho que contra o Sporting de Gijón, e dizer a eles: "Quando se joga como vocês jogaram, é permitido perder". Isso é muito raro num técnico, que hoje é uma peça a mais na engrenagem que transformou o futebol em uma espécie de máquina cega, organizada para

ganhar, e na qual quem perde não serve para nada. Contra essa mecanização, Valdano atuou com muita inteligência e eficácia. Eu agradeço a ele aquilo que em outro ponto agradeço a Maradona: eles demonstraram que a fantasia pode, sim, ser eficaz.

— *O que acha de Passarella, com a questão do corte de cabelo e a negativa a convocar homossexuais?*
— Para mim, é inexplicável que a Argentina tenha ficado em quinto lugar na Copa América. Acho que tinha os melhores jogadores do torneio, por isso é inexplicável que não tenha conseguido armar a melhor seleção. Tinha a Copa à sua disposição. Acho que Passarella tem algo a ver com isso.

— *Acha que a questão do cabelo curto e da homossexualidade influenciou de maneira negativa?*
— Ah, provavelmente sim, porque dá a impressão de que Passarella não cuida do que deveria cuidar. O cabelo curto ou comprido não tem nada a ver com futebol. E isso da homossexualidade teria que ser uma questão mais do que superada. Acho algo como voltar aos tempos da santa inquisição.

O século do vento

— *Quando morou na Argentina, entre 1973 e 1976, que relação teve com o futebol? Ia aos estádios, virou torcedor de algum time?*
— Lembro que fui várias vezes no campo do San Lorenzo e que fui uma vez na Bombonera, o estádio do Boca. Havia

muitíssima gente, e fui parar muito lá na frente. E, como tenho vertigem, sentia que me empurravam para o fundo do abismo... Os torcedores do Boca me disseram que preciso superar esse trauma e voltar; me oferecem todas as garantias, mas fiquei com essa lembrança ruim. Sempre achei que essa coisa da Bombonera era uma metáfora, mas é uma realidade: esse estádio é muito vertical.

– *Torcia por algum time?*
– Não torcia por nenhum, sentia simpatia pelos times menores, como costuma acontecer comigo. Ou pelos que tinham nomes que me pareciam comoventes, como os Desamparados de San Juan, um dos melhores nomes da história do futebol.

– *Lia o* El Gráfico? *E agora, lê?*
– Sim, sim, sou leitor desde a minha infância, faz mil anos que leio o *El Gráfico*. Além disso, está amplamente citado no livro, tem várias referências.

– *E se lembra do quê?*
– Do Borocotó, do Juvenal, mas não quero mencionar nomes para não ser injusto esquecendo alguém. Sempre foi uma revista de enorme peso aqui no Uruguai.

– *Mudando de assunto: como vê o Maradona hoje?*
– Com expectativa, com esperança, com desejos de que tudo corra bem com ele. Eu sou muito agradecido ao Maradona, porque me deu algumas das melhores horas de alegria e prazer que tive como espectador da beleza. É dos

poucos protagonistas importantes do futebol – junto com Valdano – que foram capazes de botar a cara diante dos donos do poder. Nesse sentido, a figura de Maradona não se encolhe nem um pouquinho pelo fato de apoiar ou não Carlos Menem.

– *Nem as coisas que ele faz fora de campo?*
– Eu nunca conversei com ele, mas pelo que vejo tenho a impressão de que o problema mais grave dele é com um senhor que se chama Maradona. Com seu personagem, seu principal inimigo. É preciso entender isso, deve ser muito difícil carregar esse personagem nas costas. Imagine só: como Jesus, mas carregando Jesus. Maradona tem problemas de coluna desde que começou, acho que é o corpo atuando como metáfora. Ou seja: suas costas rangem porque carregam um personagem que se chama Maradona.

– *Então...*
– Às vezes é preciso entendê-lo, e isso não quer dizer que devemos justificar tudo: eu também me irrito com algumas coisas que ele faz. É verdade que ele é um sujeito que fala demais, que diz e se desdiz, arrogante, cheio de manias. Mas é preciso entendê-lo e ser agradecido, eu acho, pelas coisas que nos deu. Tomara que ainda tenha corda; acho que sim, que pode ser que tenha, se Maradona não se puser no caminho de Maradona.

– *Foi o melhor que viu?*
– Foi. Ele e Pelé. É um lugar-comum, espantoso, é como dizer que mais vale ser jovem e saudável que velho e doente.

– *Estão no mesmo nível?*
– Não, são muito diferentes. Tive a sorte de ver bastante os dois: são de jogos completamente diferentes. Eu diria que, para a minha maneira de gostar de futebol – sou um apaixonado pelo estilo brasileiro – provavelmente eu tenha gostado mais de Pelé, embora eu veja Maradona como mais completo, contra aquilo que alguns supõem.

– *Isso sim, não é nenhum lugar-comum...*
– Não. Sinto que Maradona é mais completo no sentido de que tem mais capacidade para armar o jogo dos outros, para disputar uma partida em cada lugar do campo. Tem essa facilidade prodigiosa – que Schiaffino também tinha – de estar em campo e ao mesmo tempo no lugar mais alto da torre do estádio, vendo o jogo. Tem olhos por todos os lados. Pelé era mais bailarino, mais plástico.

– *Dos uruguaios, quem foi o melhor?*
– De quem eu mais gostei foi do Julio César Abbadie, mas isso não quer dizer que eu ache que foi o melhor, sei que não foi. Era de quem eu mais gostava, o que me dava mais prazer aos olhos. Abaddie era um jogador muito elegante, que se deslocava ao longo da linha de cal sem tocar na bola, e a bola o seguia como um cachorrinho dócil. Às vezes, quando estou procurando palavras que sejam parecidas ao que quero dizer, penso que gostaria de escrever como Abaddie jogava.

– *Foi seu ídolo?*
– Não, acho que nunca tive um. Vamos ver: a palavra "ídolo"... seria alguém por quem eu brigaria, não é? Uma

vez, no estádio, eu briguei por causa do Rinaldo Martino, um jogador do San Lorenzo que veio para o Nacional. Martino era impressionante, na área não havia quem o parasse. Foi um dos meus fervores, é um dos argentinos que nós sentimos como sendo uruguaios, como Atilio García.

– *E dos contemporâneos, qual seria o escolhido?*
– Sem a menor dúvida, Enzo Francescoli. Acho o melhor que este país viu surgir em anos. É um jogador de enorme delicadeza, sutil, inteligente. Dia desses vi o River contra o Nacional de Medellín, e principalmente no segundo tempo, quando o time estava desarticulado, caótico, eu pensava: "Se Francescoli estivesse lá, isso não aconteceria". São esses jogadores que se plantam em campo e a gente sente uma espécie de tranquilidade: o quadro não se desfaz.

Assim é o futebol ao sol e à sombra, segundo Eduardo Galeano, contado em três partes como sua Memória do fogo. *O futebol visto do ângulo de um homem de letras, um intelectual, mas com a paixão intacta do homem da arquibancada.*

O futebol e os intelectuais de esquerda

[Este texto, originalmente intitulado "Prólogo de poucas palavras", abria uma antologia de relatos sobre futebol que Eduardo Galeano preparou para a editora Arca, em 1968. O volume reunia, entre outros, autores como Albert Camus, Mario Benedetti, Horacio Quiroga e Juan José Morosoli. É interessante ver a relação que havia entre futebol e política naqueles não tão distantes anos 60.]

Existem intelectuais que negam os sentimentos que não são capazes de experimentar nem, como consequência, compartilhar: só poderiam se referir ao futebol com um gesto de desgosto, asco ou indignação. Não é menos típica a procura de bodes expiatórios para expiar a própria impotência, e o futebol, neste sentido, é ideal; está ali, tão à mão do intelectual como de qualquer um, sem vontade nem necessidade de se defender: o futebol é, pois, comodamente apontado com o dedo indicador como a causa primeira e última de todos os males, o culpado pela ignorância e a resignação das massas populares do Rio da Prata. A miséria não está escrita nos astros, costuma pensar o intelectual de esquerda, mas no placar do estádio onde os gols são anotados: se não fosse por causa do futebol, o proletariado conquistaria sua necessária consciência de classe e a revolução explodiria.

Não creio que tanta perversidade possa ser imputada ao futebol com algum fundamento de causa. Não nego que começo a gostar, e muito, do futebol, sem que isso me provoque o menor remorso ou a sensação de estrar traindo nada nem ninguém, confesso ser consumidor do ópio dos povos. Gosto de futebol, sim, da guerra e da festa do futebol, e gosto de compartilhar euforias e tristezas nas arquibancadas com milhares de pessoas que não conheço e com as quais me identifico fugazmente na paixão de uma tarde de domingo. Desafogo de uma agressividade reprimida ao longo da semana? Mereço o divã do psicanalista? Ou no fundo me somei às forças da contrarrevolução? Nós, torcedores, somos inocentes. Inocentes, inclusive, das porcarias do profissionalismo, a compra e a venda dos homens e das emoções.

Nós, homens da bacia do Rio da Prata, com nenhuma outra atividade nos sentimos tão identificados como o futebol, e muito particularmente os uruguaios. No estilo e na "garra" de alguns jogadores, sobreviventes da época de ouro na qual jogava-se "com tudo", reconhecemos, de algum modo, um estilo nacional, com seus traços negativos e positivos, a "viveza" muitas vezes imunda tanto como a firmeza e a imaginação, e a maneira de se plantar no gramado e a fração de segundo que leva um atacante em escapar pelo lado onde menos se espera, abrir a brecha e fazer o gol. Nós, uruguaios, temos motivos de sobra para desejar que a lendária "garra" dos nossos jogadores se projete para além dos gramados sobre o asfalto da cidade, e a desolada imensidão do campo: que o heroísmo nasça dos grandes compromissos sociais e políticos. Mas não é culpa do futebol que só no futebol essa "garra" ofereça, ou tenha oferecido, resultados concretos, da mesma forma que não é culpa do futebol que tenha sido por causa do futebol que o Uruguai adquiriu certa relevância internacional ou pelo menos um nome próprio no mapa do mundo. Lembro que das varandas do jornal *Época* olhávamos, em 1966, a impressionante manifestação com que o povo celebrava a vitória do Peñarol no Campeonato Mundial de Clubes. Lembro que discutimos. Eu também teria preferido uma manifestação tão multitudinária e estridente pela terra que os canavieiros reclamavam em vão, ou contra a política econômica que o imperialismo nos impôs para devorar-nos melhor. Mas a vitória do Peñarol não era culpada pelas derrotas da esquerda: oxalá a esquerda também fosse capaz de vencer por 4 a 2 quando, faltando poucos minutos para o apito final, tudo parece perdido.

Esta antologia que a editora Arca me encarregou de preparar é deliberadamente irregular. Eu me propus a fazer uma espécie de *collage* que incluísse depoimentos variados, em prosa e em poesia, sobre o futebol em seus diversos aspectos e projeções. Por isso o leitor encontrará aqui reportagens, contos, poemas, confissões e artigos. Os touros tiveram seu Hemingway. O futebol ainda espera o grande escritor que se lance ao seu resgate. Oxalá este pequeno trabalho sirva como provocação ou estímulo: o desprezo e o medo fizeram do futebol um tema tabu quase invicto, ainda não revelado em toda a sua possível intensidade das paixões que resume e desata.

Pelo Manolo e pelo prazer de jogar

[Palavras de Eduardo Galeano ao receber o VII Prêmio Manuel Vázquez Montalbán, outorgado pelo Fútbol Club Barcelona em dezembro de 2010]

Quero dedicar este prêmio à memória de Josep Sunyol, o presidente do Barça que em 1936 foi assassinado pelos inimigos da democracia.

E também quero prestar homenagem aos esportistas peregrinos que um ano depois, em 1937, encarnaram a dignidade, ferida de gravidade mas viva, da Espanha inteira. Estou me referindo aos jogadores do Barça que em 1937 percorreram os Estados Unidos e o México disputando partidas de futebol em benefício da República, e à seleção de jogadores bascos, que fez a mesma coisa em vários países europeus.

Por isso receber este prêmio me emociona, por eles e também pelos jogadores do Barça desses nossos dias, dignos herdeiros do Barça daqueles anos: este prêmio que, se por tudo isso ainda fosse pouco, leva o nome do meu entranhável amigo Manolo Vázquez Montalbán.

[...]

Compartilhamos várias paixões.

Boleiros os dois, e os dois canhotos, canhotos para pensar, acreditamos que a melhor maneira de jogar pela esquerda consistia em reivindicar a liberdade dos que têm a coragem de jogar pelo prazer de jogar, num mundo que manda jogar pelo dever de ganhar. E nesse caminho tentamos combater o preconceito de muita gente de direita, que acha que o povo pensa com os pés, e também os preconceitos de muitos companheiros de esquerda, que acham que o futebol tem a culpa de que o povo não pense.

[...]

Também nos identificamos, Manolo e eu, com o prazer da ironia e do riso franco e de todas as formas do humor, em nossa maneira de dizer o que pensamos e o que sentimos, nos artigos e nos livros e nas conversas de café. Porque não são dignos de confiança os cavalheiros solenes, nem as damas exemplares, que não são capazes de burlar-se; e nem Manolo nem eu confundimos a chatice com a seriedade, como também acontece com outros colegas de ideias políticas parecidas às nossas.

E que fique claro que não falo em tempo presente por erro ou por descuido, mas porque fontes bem-informadas me asseguraram que a morte não passa de uma piada de mau gosto.

[...]

E outro espaço compartilhado, muito importante para nós dois: a reivindicação da boa comida como celebração da diversidade cultural.

Bem dizia Antonio Machado que agora qualquer néscio confunde valor e preço, e aquele agora do poeta é também o nosso agora, porque acontece a mesma coisa nos dias de hoje.

A melhor comida não é a mais cara e Manolo disse isso muito bem, lembrando que na verdade a comida mais cara não passa de uma armadilha para apanhar bobos.

Eu também acredito, como ele, que o direito à autodeterminação dos povos inclui o direito à autodeterminação da barriga. E é mais que nunca necessário defender esse direito, mais que nunca, nestes tempos de obrigatória macdonaldização do mundo, cada vez mais desigual nas oportunidades que oferece e cada vez mais igualador nos costumes que impõe.

[...]

E cheguei até aqui. Porque eu sei que quando bebo demais corro o grave risco de dizer estupidezes, e eu quis erguer estas palavras como se fossem taças de vinho, um bom vinho tinto daqui, para brindar com Manolo e por Manolo: um jeito de beber

pela dignidade humana e pela solidariedade,

pelo prazer de jogar e a alegria de ver jogar quando se joga limpo,

pela alegria de estarmos juntos e pelo pão e o vinho compartilhados,

pelos sóis que cada noite esconde

e por todas as paixões, às vezes dolorosas, que dão rumo e sentido à viagem humana, ao humano andar,

al vent del món.

O futebol, entre a paixão e o negócio

[Discurso lido por Eduardo Galeano na abertura do Congresso de Esportes Play the Game em Copenhague, Dinamarca, 1997]

Em abril de 1997, caíram crivados de balas os guerrilheiros que ocupavam a embaixada do Japão na cidade de Lima. Quando os comandos invadiram, e num relâmpago executaram sua espetacular carnificina, os guerrilheiros estavam jogando futebol. O chefe, Nestor Cerpa Cartolini, morreu vestindo a camiseta do Alianza, o clube dos seus amores.

Ao mesmo tempo, na cidade de Montevidéu o município ofereceu 150 vagas para a coleta de lixo. Apareceram 26.748 jovens candidatos. Para receber tamanha multidão, não teve outro remédio que realizar o sorteio dos postos de trabalho no maior estádio de futebol, o Centenário, onde o Uruguai havia ganhado, em 1930, a primeira Copa do Mundo. Uma multidão de desempregados ocupou o cenário daquela histórica alegria. E em vez de anotar os gols, o placar mostrava os números dos escassos jovens que conseguiram trabalho.

Poucas coisas acontecem, na América Latina, que não tenham alguma relação, direta ou indireta, com o futebol.

O futebol ocupa um lugar importante na realidade, às vezes o mais importante dos lugares, embora isso seja ignorado pelos ideólogos que amam a humanidade mas desprezam as pessoas. Para os intelectuais de direita, o futebol não costuma ser outra coisa além da prova de que o povo pensa com os pés; e para os intelectuais de esquerda, o futebol costuma não ser outra coisa que o culpado de que o povo não pense.

Mas para a realidade de carne e osso, este desprezo não significa nada. Quando enraízam nas pessoas e nas pessoas encarnam, as emoções coletivas se transformam em festa compartilhada ou compartilhado naufrágio, e existem sem dar explicações nem pedir desculpas. Não interessa se a gente gosta ou não, se é para o bem ou para o mal: nestes tempos de tanta dúvida e desesperança, as cores do time são, para muitos latino-americanos dos nossos dias, a única certeza digna de fé absoluta e a fonte do mais alto júbilo ou da tristeza mais profunda. "Racing, uma paixão inexplicável", li num muro de Buenos Aires. E num muro do Rio, um torcedor do Fluminense rabiscou: "Meu querido veneno".

Alguma mão anônima, em estado de paroxismo, deixou seu depoimento num muro de Montevidéu: "Peñarol, você é como a AIDS. Levo no sangue". Li e fiquei em dúvida. Será que o amor à camiseta pode ser tão perigoso como o amor por uma mulher? Os tangos não esclarecem esse ponto. Seja como for, o pacto de amor do torcedor parece mais sério que qualquer contrato conjugal, porque a obrigação de fidelidade não admite nem a sombra da suspeita da possibilidade de um deslize. E não apenas na América Latina. Um amigo, Ángel Vázquez de la Cruz, me escreve da Galícia:

"Eu tinha sido sempre do Celta de Vigo. Agora, passei para seu pior inimigo, o Deportivo de la Coruña. É sabido que a gente pode, e talvez deva, mudar de cidade, de mulher, de trabalho, ou de partido político... mas jamais, jamais podemos mudar de time. Sou um traidor, sei disso. Peço que por favor acredite em mim: fiz isso pelos meus filhos. Meus filhos me convenceram. Traidor, mas pai exemplar".

Para os fanáticos, que são os torcedores que vivem sempre à beira de um ataque de nervos, o amor se realiza no ódio aos adversários. Quando o jogador argentino Ruggieri abandonou o time do Boca Juniors e se incorporou às filas de seu rival tradicional, o River Plate, os fanáticos queimaram sua casa. Os pais, que estavam lá dentro, se salvaram por milagre. Recentemente, em março de 97, quatrocentos fanáticos dos clubes holandeses Ajax e Feyenoord marcaram encontro, por telefone e pela internet, para brigar num terreno baldio perto de Amsterdã. O sangrento ritual deixou um morto e inúmeros feridos.

A violência suja o futebol, como suja todo o resto neste mundo do nosso tempo, onde, no dizer do historiador Eric Hobsbawm, "a matança, a tortura e o exílio massivo se tornaram experiências cotidianas que já não surpreendem ninguém". Os meios de comunicação costumam irradiar vozes de alarme contra os influxos maléficos do futebol. Será que, por sua causa, uma população de mansas ovelhas de repente se torna matilha? Está à vista, para quem não se negar a ver: nos estádios explodem, às vezes de maneira ruim, as tensões acumuladas pela desesperança e a solidão, que são sinais deste fim de século de norte a sul, de leste a oeste do mundo; e essas tensões podem explodir nos estádios, nem mais nem menos que em qualquer outro espaço da violenta vida dos nossos dias.

Na Grécia, em tempos de Péricles, havia três tribunais. Um deles julgava as coisas: castigava a faca, digamos, que tinha sido instrumento de um crime, e a sentença ditava que a faca fosse quebrada em pedaços ou atirada no fundo das águas. Hoje, seria justo condenar a bola? O futebol tem culpa dos crimes que são cometidos em seu nome?

Quem demoniza o futebol e o confunde com o pai de Jack, o Estripador, exerce às vezes um fanatismo tão irracional como o dos torcedores fanáticos. E comete o mesmo equívoco dos que acreditam que o futebol não passa de um ópio dos povos e um bom negócio de mercadores e políticos: uns e outros fazem de conta que os estádios são ilhas, e não os reconhecem como espelhos do mundo ao qual pertencem e expressam. Ou alguém poderia mencionar uma única paixão humana que não seja usada como instrumento de alienação e como objeto de manipulação pelos poderes que mandam no mundo?

O respeito pela realidade obrigaria a reconhecer que, apesar de todos os pesares, o campo de futebol é bem mais do que um cenário de violência e uma fonte de dinheiro, prestígio político e um Valium coletivo. O campo também é um espaço de expressão de destreza, em algumas ocasiões de expressão de beleza, um centro de encontro e comunicação e um dos poucos lugares onde os invisíveis ainda conseguem se fazer visíveis, embora por um instante, em tempos em que essa façanha é cada vez menos provável para os homens pobres e os países fracos.

Pagando tributo ao prestígio das evocações helênicas, mal não faz recordar os jogos olímpicos, dois mil e quinhentos anos antes da era de Juan Antonio Samaranch. Naqueles tempos, quando os atletas competiam nus e sem nenhuma tatuagem publicitária no corpo, a civilização grega formava um mosaico de mil cidades, cada uma com suas próprias leis e seus próprios exércitos. Os jogos que eram celebrados nos estádios de Olímpia eram cerimônias religiosas de afirmação de identidade nacional, um amálgama que juntava os dispersos e superava suas contradições, uma forma de dizer: "Nós somos gregos", como se fazendo esporte recitassem os versos da *Ilíada* ou da *Odisseia*, os poemas da fundação nacional.

Pode ser que o futebol cumpra, em nossos dias, uma função parecida, em maior medida que qualquer outro esporte. A industrialização do futebol, que a televisão transformou no mais exitoso espetáculo de massas, uniformiza os estilos de jogo e apaga seus perfis próprios; mas a diversidade, teimosamente, milagrosamente, sobrevive e assombra. Queira-se ou não, acredite-se ou não, o futebol continua sendo uma das mais importantes expressões de identidade cultural coletiva, dessas que em plena era de globalização obrigatória nos recordam que o melhor do mundo está na quantidade de mundos que o mundo contém.

Não são demasiados, é verdade, os espaços onde os países do sul podem afirmar sua identidade, condenados à imitação dos modos de vida que hoje se impõem, como modelos de consumo obrigatório, em escala universal. Desaparecida a indústria nacional, abandonados os projetos de desenvolvimento autônomo, desmantelado o Estado, abolidos os símbolos que encarnavam a soberania, os países que integram os vastos subúrbios do mundo têm poucas oportunidades de exercer seu orgulho de existir e o direito de ser. E o direito de ser costuma estar em contradição com a função de servidão que a divisão internacional do trabalho atribui a eles, e com o triste papel que os meios massivos de comunicação os obrigam a representar.

A Colômbia é um país violento: é o que lemos, o que escutamos, o que vemos. Mas é a Colômbia um país violento? Condenado à violência pela natureza e pelo destino? Os colombianos nascem inclinados ao crime por decisão dos seus genes? Ou o país vive prisioneiro, há muitos e muitos anos, de uma gigantesca maquinaria da morte, que usa a impunidade como combustível e a fatalidade como álibi? Não é a realidade mais complexa e contraditória do que pode parecer à primeira vista? Eu me atreveria a sugerir aos violentólogos altamente especialistas que, antes de formular seus veredictos, escutem música colombiana, os saborosos vallenatos de Alejo Durán, mencionemos como exemplo, e que acompanhem alguma partida da seleção colombiana, cujo futebol vem da alegria das pessoas e dá alegria às pessoas. E eu recomendaria a eles, muito especialmente, que contemplem por um bom tempo uma foto da célebre rebatida do goleiro René Higuita no estádio inglês de Wembley, em setembro de 95. Jamais se viu nos estádios do mundo um goleiro rebater uma bola como aquela, vinda daquele chute. Com o corpo horizontal no ar, o goleiro deixou o chute passar e devolveu-o com os calcanhares, dobrando as pernas como o escorpião torce a cauda. Mas a força da revelação não está na proeza de Higuita: esta foto é eloquente acima de tudo pelo sorriso de celebração que atravessa o rosto do goleiro colombiano, de orelha a orelha, enquanto comete a sua travessura imperdoável.

Foi o futebol quem pôs o Uruguai no mapa do mundo, lá pelos anos 20. Este país pequeno, que tem uma população total equivalente a um bairro de Buenos Aires ou a de um subúrbio da Cidade do México, encontrou no futebol um meio de projeção internacional e uma certeza de identidade que, hoje em dia, sobrevivem com mais vigor na nostalgia que na realidade. Embora se suponha que somos como jogamos, para nós, uruguaios, acaba sendo cada vez mais deprimente reconhecer-nos no opaco espelho que os gramados nos devolvem. O nosso futebol ficou chato e sujo, conforme o país caía numa espiral de decadência que abateu a educação pública e reduziu a nada, ou a quase nada, a educação física. Foram-se embora para o exterior nossos melhores jogadores e os meninos têm cada vez menos campinhos para jogar e menos vontade de brincar com a bola. Uma indústria de exportação que vende pernas: quando aparece algum jogador que vale a pena, emigra para os países que podem pagar por ele, enquanto os campeonatos locais, empobrecidos até a última miséria, languidescem na mediocridade. E mesmo assim, a fé perdura. O futebol continua sendo uma religião nacional, e a cada domingo esperamos que nos ofereça algum milagre. A memória coletiva cultiva a evocação do último campeonato mundial que o Uruguai ganhou, numa final contra o Brasil, no estádio do Maracanã, em 1950. Aquela façanha está por cumprir meio século e a recordamos em seus mínimos detalhes, como se fosse coisa da semana passada, e à sua ressurreição encomendamos nossas almas.

Se o futebol estivesse limitado aos países que mais pagam por ele, não haveria explicação para os fervores que desata no mundo inteiro. A América do Sul, que pouco paga e está condenada a fornecer jogadores para a Europa, ganhou e continua ganhando mais campeonatos mundiais que a Europa em seleções nacionais e em torneios entre clubes, por mais que a Europa pague. E o futebol africano, o mais pobre do mundo, está entrando em cena da maneira mais avassaladora e jubilosa, e não há quem o detenha. O futebol profissional, lucrativa indústria do espetáculo, maquinaria implacável, está organizado para que o dinheiro mande, mas não seria uma paixão universal se não continuasse a ter, como por milagre tem, capacidade de surpresa.

Esta capacidade de surpresa corre por conta dos esquecidos da terra: a Nigéria ganha contra vento e maré o futebol das Olimpíadas de 1996; o jogador mais cotado do mundo é um jovem mulato chamado Ronaldo, que cresceu no cinturão de pobreza que rodeia a cidade do Rio de Janeiro, e que aos catorze anos não pôde jogar no Flamengo porque não tinha dinheiro para a condução. E o imprevisto acontece apesar da desigualdade de oportunidades que tragicamente caracteriza este injusto fim de século, e que de antemão coloca em desvantagem os jogadores desnutridos e os países espremidos. Nas eliminatórias para o Mundial de 94, a seleção da Eritreia tinha bola mas não tinha chuteiras, e quando os jogadores da Albânia trocaram camisetas com os jogadores da Dinamarca, no fim do jogo, ficaram sem camisetas para o jogo seguinte. A opulência e a pobreza, o norte e o sul, jamais se enfrentam em igualdade de condições, nem no futebol nem em nada, por mais democrático que o mundo diga que é. Verdade seja dita, existe um único lugar em que o norte e o sul estão parelhos: é o campo de futebol do povoado de Fazendinha, no litoral amazônico do Brasil. A linha do Equador corta o campo pela metade, de maneira que cada time joga um tempo no hemisfério sul e o outro, no hemisfério norte.

Mas sim. Apesar de todos os pesares, o futebol é uma paixão universal. A arte do pé capaz de fazer a bola rir ou chorar fala uma linguagem comum aos países mais diversos e às mais diversas culturas, ao norte e ao sul, a leste e a oeste. Nos Estados Unidos da América, onde recém está começando a atrair o entusiasmo público, o futebol ainda não é uma paixão popular, mas já é, pelo menos, uma paixão mercantil. Algumas grandes empresas sabem disso muito bem, como a Coca-Cola, amarrada ao futebol internacional já faz muitos anos, ou a Nike, que recentemente se apoderou do melhor time do mundo, a troco de 400 milhões de dólares. A Confederação Brasileira de Futebol cedeu à Nike não apenas os diretos exclusivos de vestir a seleção do Brasil, como também os direitos e a venda de seus jogos. Quando a seleção jogou o amistoso contra o México, que ganhou por 4 a 0, em abril deste ano, a Nike demonstrou que manda mais que o técnico. Zagalo não queria incluir Romário entre os titulares, mas a empresa o impôs, para que Romário formasse, com Ronaldo, a dupla imbatível de seu recém-criado *dream team*. Na época, a imprensa falava da possível venda do passe de Ronaldo, estrela do Barcelona, para o Lazio de Roma. Falava-se em cifras de fábula, mais de 90 milhões de dólares, e o principal obstáculo consistia em que Ronaldo está comprometido com a Nike – assinou um acordo por 7 milhões – e o Lazio tem um contrato de exclusividade com a Umbro, obrigatório para os seus jogadores. A empresa Nike devora uma fatia cada vez maior do mercado de calçados esportivos na América Latina, um mercado de um bilhão e meio de dólares por ano, que cresce num ritmo de vinte por cento anuais. E a mesma coisa acontece com a roupa e as bolas de futebol: as alemãs Adidas e Puma, filhas dos irmãos Dassler, que até faz pouco eram as rainhas do negócio, estão sendo deslocadas pela Nike e outras fábricas de um país que faz pouco caso do futebol. Fábricas de um país? Ou fábricas de um país que fabrica em vários países, por obra e graça disso que chamam de globalização? A Nike é a empresa que sofreu mais denúncias por exploração de mão de obra infantil na Ásia. Em fevereiro deste ano, a Nike e outras multinacionais juraram diante dos altares da Organização Mundial do Trabalho que farão o possível para evitar que crianças trabalhem para elas, em condições de escravidão, no Paquistão e em outros lugares. A declaração acabou sendo, involuntariamente, uma confissão.

    É um lugar-comum. Um tópico, como dizem os espanhóis. O que se diz: "O futebol é um negócio". E como costuma acontecer com os lugares-comuns, este também tem razão. É como dizer: "A política é um bom negócio". Mas nós podemos muito bem perguntar: existe alguma coisa que não seja um negócio no mundo atual? O sexo, que é o objeto preferido da manipulação comercial, não é um bom negócio? E isso talvez signifique que o sexo não vale a pena? Pelo que dizem os entendidos, continua sendo o mais prazeroso. Se o sistema, que antes se chamava capitalismo, e agora atua com o nome artístico de economia de mercado, é capaz de arrancar mais-valia da memória de seus piores inimigos, como Che Guevara ou Malcolm X, transformados em mercadorias de consumo massivo, como não será capaz de colocar o esporte a serviço do lucro? Afinal de contas, a escala de valores dos tempos que correm pode ser escutada claramente em qualquer discurso de qualquer um dos muitos chefes de Estado que viajam pelo mundo como se fossem vendedores ambulantes: eles em primeiro lugar falam de investimentos, em segundo lugar falam de comércio e em terceiro, das relações fraternais que unem nossos povos, e esta última parte, verdade seja dita, é dita porque algum impostozinho tem que pagar o vício à virtude, e porque a boa educação também pode ser rentável.

Sim, o futebol é um negócio, não cabe dúvida. Nos países onde acaba sendo lucrativo, como a Inglaterra, onde os clubes Manchester United e Tottenham Hotspur têm ações cotizadas na Bolsa de Valores, e onde o Newcastle e o Liverpool se propõem a imitá-los, e também nos países onde apenas começa a se organizar, como a República Dominicana, onde o campeão de 96 se chama Bancredicard e funciona como propaganda do Banco de Crédito. Até mesmo quando não dá lucro em termos de contabilidade, o futebol é fonte de prestígio popular e rende bons resultados políticos, como sabem muito bem Silvio Berlusconi, na Itália, ou Fernando Collor, que antes de ser presidente do Brasil foi presidente do clube Alagoas, onde começou sua carreira. E quando se mexe com futebol, como costuma acontecer com as outras fontes de dinheiro e popularidade, são raras as vezes em que as mãos são limpas. Como numa espécie de regra geral, os mais poderosos clubes profissionais mentem em seus balanços, não obedecem às leis trabalhistas nem pagam as obrigações previdenciárias e têm certa tendência a comprar rivais e juízes.

Em sua edição de maio de 97, a revista *Latin Trade* queixava-se de que na América Latina o futebol ainda é um passatempo, mais que um produto. "Se a emoção do futebol", suspirava a revista, "pudesse ser engarrafada, qualquer um se faria bilionário". E mencionava o caso do clube argentino Boca Juniors, que recebe nada além de 120 mil dólares pelas transmissões pela televisão, enquanto o The Dallas Cowboys cobra, nos Estados Unidos, dois milhões e meio. Este time de Dallas joga futebol americano, que pela definição de Horacio Turbo "consiste na conquista violenta de territórios através de uma prática militar que se chama futebol mas é executada com as mãos". O futebol americano move grandes somas de dinheiro ao norte da América, onde desfruta de muita popularidade.

Pouco antes de ler a revista, eu tinha assistido a um dos clássicos entre o Boca contra o River em Buenos Aires. Quilmes jogava contra Quilmes. A empresa cervejeira Quilmes está no peito dos jogadores do Boca Juniors, graças a um contrato de dois milhões de dólares, e também no peito dos jogadores do River, por um milhão e oitocentos. O jogo era pelo campeonato argentino, que se chama Pepsi Cola. A revista *Latin Trade* pode ter razão, mas a verdade é que o sul da América está fazendo tudo que é possível para se parecer ao norte, embora ainda esteja muito longe dos seus méritos.

No mundo atual, tudo que se move e tudo que está quieto transmite alguma mensagem comercial. Cada jogador de futebol deve ser um outdoor e um cartaz em movimento, aconselhando o público a consumir produtos, mas a FIFA proíbe que os jogadores exibam mensagens que aconselhem a solidariedade social, coisa que está expressamente proibida. Julio Grondona, presidente do futebol argentino, recordou recentemente a proibição, quando alguns jogadores quiseram expressar em campo seu apoio à greve de alguns docentes, que ganham salários de jejum perpétuo. Em abril deste mesmo 1997, a FIFA castigou com uma multa o jogador inglês Robbie Fowler, pelo delito de escrever na camiseta uma frase de apoio à greve dos trabalhadores dos portos.

Em sua edição de dezembro de 95, a revista brasileira *Placar* entrevistou Joseph Blatter, o homem número dois da FIFA, vice-rei do negócio do futebol. O jornalista perguntou a ele sua opinião sobre o sindicato internacional de jogadores, que estava se formando:

— A FIFA não fala com jogadores — respondeu Blatter. — Os jogadores são empregados dos clubes.

Alguns meses depois, em outubro de 96, o sindicato recebeu uma carta de Pelé, que foi o rei da arte do futebol. Apesar de seus notórios desencontros com Maradona, que é a cabeça visível do sindicato, Pelé saudou a iniciativa, e anunciou: "Vamos formar a melhor seleção de todos os tempos, a seleção dos atletas livres".

Os que manejam o negócio, os donos da bola, atuam como se os jogadores não existissem. Jamais escutam os jogadores. Os verdadeiros protagonistas do espetáculo assistem das arquibancadas, feito espectadores, as decisões que os empresários e os burocratas tomam: quem joga, e por quanto, e quando, e onde e como. Desígnios misteriosos e sem solução, contas secretas. A FIFA modifica os regulamentos, com bom critério ou critério duvidoso, e discute mudanças delirantes, como a ampliação da trave e dos travessões do gol, sem que jogadores possam jamais dar nem um pio.

Os jogadores, os autores da festa, padecem um ritmo atroz de trabalho, que convida a recordar a resposta que Winston Churchill deu ao jornalista que perguntou a ele qual era o segredo de sua vida tão longa e de sua saúde tão boa:

– O esporte – disse Churchill. – Jamais o pratiquei.

No futebol profissional, os deveres sobram: aceitar decisões alheias, a disciplina militar, os treinos extenuantes, as partidas que são disputadas dia sim e o outro também, a obrigação de render mais a troco de menos, o bombardeio de drogas que queimam a juventude mas permitem jogar apesar do esgotamento e das lesões... Os direitos, por sua vez, brilham pela ausência.

Mas do que se queixam? Será que os jogadores não ganham fortunas? Uns poucos, os eleitos, ganham. Mas também não é para tanto: na última lista da revista *Forbes*, onde aparecem os cinquenta atletas mais bem pagos do mundo em 1996, não há nem um único jogador de futebol.

Os jogadores ainda aparecem nos balanços contábeis como patrimônio dos clubes, embora os laços de servidão feudal tenham se afrouxado nestes últimos anos, e na Europa tenham se rompido totalmente no final de 95. Esta foi uma boa notícia para os jogadores e para todos que acreditamos na liberdade de trabalho e nos direitos humanos. A Suprema Corte de Luxemburgo, a mais alta autoridade de Comunidade Europeia, se pronunciou a favor do jogador belga de futebol Jean-Marc Bosman, e em sentença estabeleceu que os jogadores ficam livres, uma vez vencidos os contratos que os vinculam aos clubes. A universalização dessa conquista é uma das tarefas que o recém-nascido sindicato se propõe a levar adiante.

A Associação Internacional de Futebolistas Profissionais deu seu pontapé inicial, em Barcelona, numa jornada contra o racismo e a discriminação. Foi um batismo eloquente, que tem muito a ver com a memória e a realidade do esporte mundial. As mais altas estrelas do futebol padeceram do racismo, por serem negros ou mulatos, ou sofreram, por serem pobres, a discriminação. E em muitos casos, somadas a cor da pele e a origem social, foram vítimas das duas humilhações ao mesmo tempo. No campo, encontraram uma alternativa ao crime, ao que tinham sido condenados pela média estatística.

Uma pesquisa realizada recentemente no Brasil mostra que dois de cada três jogadores profissionais não terminaram a escola primária, e a metade dessa maioria tem a pele negra ou parda. Apesar da invasão da classe média, que nestes últimos anos aparece nos gramados, a realidade atual do futebol brasileiro não está distante dos tempos de Pelé e Garrincha: Pelé, que na infância roubava amendoim na estação de trem, e Garrincha, que aprendeu a driblar para escapar da polícia.

Dentro de alguns jogadores, joga uma multidão. Alguns jogadores contêm imensas multidões, cuja dita ou desdita depende de suas pernas. E quando os discriminados, os desprezados, os condenados ao fracasso eterno se reconhecem no êxito de heróis solitários, em seus triunfos lateja, de alguma forma, a esperança coletiva. Mesmo que ele não queira, embora ele não saiba, suas façanhas têm um valor simbólico e nelas resplandece, como se estivesse invicta, a pisoteada dignidade de muitos. Muito significa para muitos, por exemplo, George Weah, e não apenas para os liberianos, que em peregrinação acodem ao pantanoso bairro do porto de Monróvia, onde ele passou a sua infância, mas também para todos os africanos: George Weah, melhor jogador do mundo em 1995, que nasceu num casebre de lata e papelão e aos doze anos fumava maconha e era ladrão profissional.

E isso não acontece apenas no futebol. Os militantes dos direitos civis dos negros nos Estados Unidos reconhecem em Jack Robinson um profeta. Robinson foi a primeira estrela negra do beisebol, que era um esporte só para brancos, no final dos anos 40. Naquele tempo, os negros não podiam compartilhar com os brancos nem mesmo o cemitério, e Robinson conseguiu alcançar extraordinária qualidade esportiva, apesar de o público insultá-lo e atirar amendoim, e os adversários cuspirem nele e de que em sua casa recebia, sem tréguas, ameaças de morte. Outro exemplo similar: para os indígenas da Guatemala, maioria maltratada do país que os humilha, o fato de que um índio quiché seja a maior figura do esporte nacional tem um valor emblemático. Foi corredor de fundo, imbatível nas maratonas, que hoje ganha a vida recolhendo tacos de golfe. Tinha nascido chamando-se Doroteo Guamuch, e por racismo trocaram seu nome maia e o obrigaram a se chamar Mateo Flores. Em homenagem às suas proezas, chama-se Mateo Flores o estádio de futebol da Guatemala, que adquiriu triste notoriedade internacional quando uma trágica avalanche deixou noventa mortos em 1996. Talvez algum dia, quando chegue o dia, se é que chega o tempo dos justos, o estádio tenha o nome indígena que este atleta teve e queria ter.

E para concluir essas olhadas, estas anotações feitas a propósito da paixão e do negócio do futebol, algumas palavras sobre Diego Armando Maradona. Algumas palavras, algumas perguntas. Como costuma ocorrer com as perguntas, pode ser que a gente não encontre mais respostas que novas perguntas.

Os heróis populares que contêm mais gente, os que dentro de si levam milhões de pessoas, são os que estão mais solitários? Estará Maradona recheado de todos e acompanhado por ninguém? Do que foge? Foge dos cães da fama, que ele mesmo convoca aos gritos? Corre, Maradona, em círculos, acossado pela fama que o persegue e que ele persegue? Exausto dela, sufocado por ela, já não consegue viver com ela? E também não consegue viver sem ela? Sem a fama que o vingou da pobreza e o salvou do desprezo? É Maradona um viciado em cocaína ou um viciado no êxito? Existirá alguma droga mais venenosa que o êxito? Existe alguma clínica que seja capaz de curar suas vítimas? Maradona se nega a se retirar porque se nega a morrer? Não consegue olhar as partidas sem jogá-las? É impossível o regresso à multidão de onde ele veio? Não consegue aceitar que ficou para trás o tempo em que os rivais não sabiam decidir entre marcá-lo ou pedir seu autógrafo? Não consegue aceitar a aposentadoria em vez da ovação? Não consegue parar de falar e falar, como se quisesse fazer gols com a boca? Não consegue parar de bancar deus nos estádios? Estarão os ídolos, como os deuses, condenados a se consumir no seu próprio fogo? Será inevitável o sacrifício do triunfador, como nos antigos jogos dos astecas, a oferenda do triunfador à multidão que o ama e o exige e o devora? Não temos todos uma dívida de compreensão com este jogador rebelde, que tanto lutou pela dignidade do seu ofício e tanta beleza nos deu nos estádios?

Créditos dos textos e das traduções

Os textos da presente antologia foram retirados dos seguintes livros:

Dias e noites de amor e de guerra. Trad. Eric Nepomuceno, L&PM Editores, 2001 [Originalmente publicado em 1975]
Verão de 42, Dias e noites de amor e de guerra/1, Dias e noites de amor e de guerra/2, Dias e noites de amor e de guerra/3

Memória do fogo 1. Os nascimentos. Trad. Eric Nepomuceno, L&PM Editores, 1997 [Originalmente publicado em 1982]
Se proíbe o jogo dos índios do Chile

Memória do fogo 2. As caras e as máscaras. Trad. Eric Nepomuceno, L&PM Editores, 1997 [Originalmente publicado em 1984]
O futebol

Memória do fogo 3. O século do vento. Trad. Eric Nepomuceno, L&PM Editores, 1998 [Originalmente publicado em 1986]
Obdulio, Pelé/2, Garrincha, Pó de arroz, A última cambalhota do aviador Barrientos, Dois turbulentos jogos, A chamada guerra do futebol

Nosotros decimos no (1989)
Pelé e os subúrbios de Pelé, Che/1, Che/2, Oito (trad. Eric Nepomuceno)

Ser como ellos (1992)
Vendem-se pernas (trad. Eric Nepomuceno)

Futebol ao sol e à sombra, L&PM Editores, 1995 [Originalmente publicado em 1995]
A Copa do Mundo de 98 (trad. Sergio Faraco), A Copa do Mundo de 2002 (trad. Ernani Ssó), A Copa do Mundo de 2006 (trad. Marlova Aseff), A Copa do Mundo de 2010 (trad. Marlova Aseff), A Copa do Mundo de 2014 (trad. Janine Mogendorff)

De pernas pro ar. A escola do mundo ao avesso. Trad. Sergio Faraco, L&PM Editores, 1999 [Originalmente publicado em 1998]
Nomes, Preços, De pernas pro ar, O futebol global

Bocas do tempo. Trad. Eric Nepomuceno, L&PM Editores, 2004 [Originalmente publicado em 2004]
O parto, Leo, Condores, Mão de obra, O leitor, O chapeleiro, E outro, Exorcismo, O atleta exemplar, Coroação, Agradeço o milagre, Mais além do além, O encapuzado, O goleiro

Espelhos. Trad. Eric Nepomuceno, L&PM Editores, 2008 [Originalmente publicado em 2008]
Maradona, Os direitos civis no futebol, Maracanã, Show business, O jogo de bola, Fundação do samba, Rendição de Paris, Último desejo, Insolência, Pelé/1, Fotos: o escorpião, Fotos: punhos erguidos ao céu, Ali, Outro caso de amnésia, Perigo nas ruas

Os filhos dos dias. Trad. Eric Nepomuceno, L&PM Editores, 2012 [Originalmente publicado em 2012]
O gol do século, Uma cerimônia de exorcismo, Meu querido inimigo, Atletos e atletas, Campeãs, Só dele, Todos somos você, A consagração do goleador, O baú dos perdedores, Dia dos Desaparecidos, Milagre!, O jogo mais triste da história

O caçador de histórias. Trad. Eric Nepomuceno, L&PM Editores, 2016 [Originalmente publicado em 2016]
Por que escrevo, Os contos contam/1, Eu confesso, A garra charrua, A primeira juíza, A guerra contra as guerras, Revolução no futebol, Sirva-me outra Copa, por favor, O ídolo descalço, A bola como instrumento, Papai vai ao estádio, Os contos contam/2, Os contos contam/3, Esopo

Os textos não incluídos nos livros de Eduardo Galeano correspondem às seguintes fontes (trad. Eric Nepomuceno):

"La magia imperdonable" (*Brecha*, Montevidéu, julho de 1994, p. 12)
"En fútbol, como en política, el miedo no paga" (*Brecha*, Montevidéu, 20 de junho de 1986, p. 7)

"De fútbol somos" (*Brecha*, Montevidéu, 29 de junho de 1990, p. 32)

"La guerra o la fiesta" (*Página/12*, Buenos Aires, 31 de maio de 2002)

"El Mundial de Zidane" (*Página/12*, Buenos Aires, 16 de julho de 2006)

"El fútbol es el espejo del mundo" (gentileza de *El Gráfico*. Entrevista de Adrián Maladesky, 29 de agosto de 1995, pp. 58-62)

"El fútbol y los intelectuales de izquierda" (introdução à antologia *Su majestad el fútbol*, com seleção de Eduardo Galeano, Montevidéu, Bolsilibros Arca, 1968)

"Por Manolo y por el placer de jugar" (*Página/12*, Buenos Aires, 25 de maio de 2011)

"El fútbol, entre la pasión y el negocio" (gentileza de Ezequiel Fernández Moores. Discurso inédito com que Eduardo Galeano abriu o Congresso de Esportes Play the Game, em Copenhague, em 1997)

lepmeditores

www.lpm.com.br
o site que conta tudo

Impresso na Gráfica COAN
Tubarão, SC, Brasil